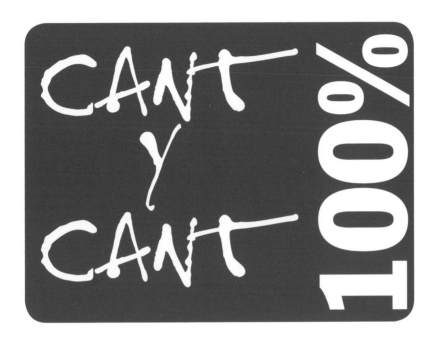

CANT Y CANT 100%

100 o ddarnau darllen i ddysgwyr

100 reading topics for Welsh learners

R. Alun Charles

Gomer

CYNNWYS

	TUD.
CROESO I *GANT Y CANT*	5
CYDNABYDDIAETH	6
PONTYDD	7
ANIFEILIAID	21
BWYDYDD	35
Y CYMRY CYNTAF	49
TRYCHINEBAU	63
CANOLFANNAU CHWARAEON	77
MENYWOD	91
CARTWNAU	105
STEIL	117
ADEILADAU ENWOG	131

teitl/au (g) *title/s*	darn/au (g) *passage/s* neu *extract/s*	felly *therefore*	ychydig *little*
thema/ themâu (b) *theme/s*	troi *to turn*	ar y tro *at a time*	gallu *to be able to*
yr un peth *the same thing*	rhoi *to put*	o'r neilltu *on one side*	yn ôl *back*
deall *to understand*	ychwaith *either*	patrwm/ patrymau (g) *pattern/s*	digwydd *to happen*
yn aml *often*	cofio *to remember*	enghraifft/ enghreifftiau (b) *example/s*	diwedd (g) *end*
tudalen/nau (g/b) *page/s*	geirfa/oedd (b) *vocabulary/* *vocabularies*	cynnwys (g) *contents*	mwynhau *to enjoy*

CROESO I *GANT Y CANT*

Croeso i chi i'r llyfr CANT Y CANT neu 100%! Pam y teitl *CANT Y CANT?* Wel, mae cant o ddarnau yn y llyfr a chant o eiriau ym mhob darn. Felly, dyna i chi'r teitl – *CANT Y CANT!*

Dyma ychydig mwy o fathemateg i chi. Mae deg thema yn y llyfr a deg darn i bob thema. Ie, 100% unwaith eto! Er enghraifft, un o'r themâu ydy BWYD ac mae deg darn yn sôn am fwyd yn yr adran honno.

Does dim rhaid i chi ddarllen y llyfr fel nofel. Rydych chi'n gallu troi at thema a darllen darn neu ddau ar y tro. Wedyn, rydych chi'n gallu troi at thema arall a gwneud yr un peth. Rydych chi hefyd yn gallu darllen ychydig o'r llyfr, ei roi o'r neilltu, a throi 'nôl ato eto mewn amser. Does dim rhaid i chi ddarllen darn neu ddarnau o un thema i ddeall darn neu ddarnau mewn thema arall ychwaith.

Mae un patrwm iaith yn digwydd yn y llyfr yn aml. Cofiwch ei ddysgu. Mae enghreifftiau o'r patrwm ar ddiwedd y tudalen.

Mae'n siŵr y bydd llawer o eiriau newydd i chi hefyd yn y llyfr ac felly mae geirfa ar ddiwedd pob darn er mwyn eich helpu i ddeall y cynnwys yn iawn.

Wel dyna ni. Hwyl i chi gyda'r darllen. Cofiwch fwynhau'r llyfr Cant y Cant. Ie, 100%!

DYMA'R PATRWM PWYSIG
ER MWYN MWYNHAU'R LLYFR

Cafodd Huw ei eni	*Huw was born*
Cafodd Siân ei geni	*Siân was born*
Cafodd y tŷ ei godi	*The house was built*
Cafodd y tŷ ei adeiladu	*The house was built*
Cafodd y bont ei chodi	*The bridge was built*
Cafodd y bont ei hadeiladu	*The bridge was built*
Mae'n cael ei fwyta gyda …	*It is eaten with …*
Buodd e/hi farw	*He/she died*
Cafodd ei fagu	*He was brought up*
Cafodd ei magu	*She was brought up*

Cydnabyddiaeth

Pontydd – Pont Porthladd Sydney (tud. 11): allan o *Rugby's Best of the Best*, Alun Wyn Bevan & Huw Evans, Gomer, 2009; Pont Brooklyn (tud. 12): Huw Evans Agency; Pont Britannia (tud. 14–15): allan o *All Around Anglesey*, Terry Beggs, Gomer, 2007; Pont Tŵr Llundain (tud. 16): Rhian Evans; Pont Menai (tud. 19): allan o *All Around Anglesey*, Terry Beggs, Gomer, 2007.

Anifeiliaid – Red Rum (tud. 23): Alan Carr www.darkhorse.co.uk; Shambo (24–5): Skanda Vale; llun 10 Downing Street (tud. 26): iStock Photo; Dolly (tud. 28): Gawain Davies; Elsa (tud. 30): Elsa Conservation Trust; Jambo (tud. 32–3): www.chilstone.com

Bwydydd – Llyfr Dudley (tud. 37): Y Lolfa; Cyri (tud. 38): iStock Photo; Pasta a Pizza (tud. 39): pizza, Nia Jenkins; Bwyd Organig (tud 40–1): wyau, allan o *Yn y Gegin gyda Gareth*, Gareth Richards, Gomer, 2003; ieir, Jamie Wright; Reis (tud. 44–5): iStock Photo; Pryfed Wedi'u Ffrio (tud. 47): iStock Photo.

Y Cymry Cyntaf – Tori James (tud. 53): www.torijames.com; Mererid Hopwood (tud. 55): David Williams; Morien Bedford Morgan (tud. 58–9): llun allan o *Degree of Flight* gan Hedley England; Robert Recorde (tud. 60): llun gan Graham Howells allan o *Helpwch eich Plentyn: Hwyl gyda Rhifau*, Elin Meek, Gomer, 2009; Mark J. Williams (tud. 62): www.geofftristram.co.uk

Trychinebau – Trychineb Chernobyl (tud. 64–5): Shirley/Greenpeace; Trychineb y Sea Empress (tud. 68–9): llun gan Jeremy Moore allan o *Heart of the Country*, Jeremy Moore & William Condry, Gomer, 2003; Trychineb Canolfan Masnach y Byd (tud. 70): Nia Jenkins; Trychineb Aber-fan (tud. 73): llun Jac Jones allan o *Trysorfa T. Llew Jones*, Gomer, 2004.

Canolfannau Chwaraeon – Monaco (tud. 78–9): Terry Davies; Lord's (tud. 80): y cricedwr Steve James gan Huw Evans allan o *Rugby's Best of the Best*, Alun Wyn Bevan & Huw Evans, Gomer, 2009; Camp Nou (tud. 81): Louise Jones; Stadiwm y Mileniwm (tud. 82): Nick Jenkins; llun o Leigh Halfpenny gan Huw Evans allan o *Rugby's Best of the Best*, Alun Wyn Bevan & Huw Evans, Gomer 2009; St Andrews (tud. 85): llun Huw Evans Agency; Wimbledon (tud. 86): iStock Photo; Parc Croke (tud. 88–9): llun Huw Evans Agency.

Menywod – Tanni Grey-Thompson (tud. 92–93): lluniau Mark Lewis allan o *Welsh Sporting Stars*, Alun Wyn Bevan, Gomer, 2007; Marion Donovan (tud. 96): Meinir James; Laura Ashley (tud. 99): Viv Sayer; Rosa Parks (tud. 100): Ellen Shub www.ellenshub.com; Nicole Denise Cook (tud. 102–103): lluniau gan Huw Evans Agency allan o *Welsh Sporting Stars*, Alun Wyn Bevan, Gomer, 2007.

Cartwnau – Mickey Mouse (tud. 106): Meinir James; Superted (tud. 108): Lowri Walters; (tud. 109): Viv Sayer; Spider-Man (tud. 112): Dafydd John Jones.

Steil – Dillad Ji-Binc (tud. 118): Gary Evans; Esgidiau Ymarfer (tud. 119): Gary Evans; Gemwaith Rhiannon (tud. 120–21): www.rhiannon.co.uk; Crys T (tud. 123): www.cowbois.com; Sgert Mini: Betsan Jones; Tyllu'r Corff (tud. 127): Jodie Afzal; Tatŵau (tud. 128): Jodie Afzal; (tud. 129): llun gan David Evans (www.websitedesigncarmarthen.com), tatŵ gan www.nobbystattoo.co.uk; Gwallt (tud. 130): Andrew Price, Caerfyrddin.

Adeiladau Enwog – Wal Fawr Tsieina (tud. 134–35): lluniau Heledd ap Gwynfor a Nia Meleri allan o *Tsieina*, Nia Meleri Roberts, Gomer, 2005; Angkor Wat (tud. 139): iStock Photo; Eglwys Gadeiriol Chartres (tud. 142–3): iStock Photo.

PONTYDD

PONT TREFECHAN

Ble?

Ar y ffordd i Aberystwyth o gyfeiriad Penparcau.

Beth ydy hanes y bont?

Cafodd ei chodi yn 1888 gan David Lloyd, Aberystwyth. Roedd pont arall yma er 1800 ond aeth honno gyda'r llif yn 1886.

Pam mae'n enwog?

Dyma lle roedd protest gyhoeddus gyntaf Cymdeithas yr Iaith Gymraeg ar 2 Chwefror 1963. Cafodd y Gymdeithas ei sefydlu ym mis Awst 1962.

Beth ddigwyddodd?

Eisteddodd tua 40 o aelodau a chefnogwyr y Gymdeithas ar y ffordd yng nghanol y bont i atal y traffig am hanner awr.

Pam?

I dynnu sylw at ddiffyg statws swyddogol i'r Gymraeg ar y pryd.

cymdeithas yr iaith gymraeg

PRIF SWYDDFA · LLAWR GWAELOD · PEN ROC · RHODFA'R MÔR · ABERYSTWYTH · CEREDIGION · SY23 2AZ
FFÔN (01970) 624501 · FFACS (01970) 627122
E-BOST swyddfa@cymdeithas.com · Y WE www.cymdeithas.com

pont/ydd (b) – bridge/s
cyfeiriad/au (g) – direction/s
hanes/ion (g) – history/histories
codi – to raise
er – since
colli – to lose
llif/ogydd (g) – flood/s
enwog – famous
cyhoeddus – public
Cymdeithas yr Iaith Gymraeg – Welsh
   Language Society
sefydlu – to establish

tua(g) – about
digwydd – to happen
aelod/au (g) – member/s
cefnogwr/cefnogwyr (g) – supporter/s
canol (g) – middle
atal – to stop, to prevent
tynnu sylw (at) – to draw attention (to)
statws (g) – status
swyddogol – official
gwael – poor
ar y pryd – at the time

PONT DU GARD

Dyfrbont yn Vers-Pont-du-Gard yn ymyl Remoulins yn ne Ffrainc ydy Pont du Gard. Cafodd y bont ei chodi gan y Rhufeiniaid ychydig cyn y cyfnod Cristnogol. Yn ogystal â phontydd ffordd, roedd y Rhufeiniaid yn codi dyfrbontydd i gario dŵr i'w trefi. Mae gan y bont dair lefel. Mae ffordd ar y lefel gyntaf. Ar ben y drydedd lefel mae sianel ddŵr. Does dim mortar yn y bont. Roedd y Rhufeiniaid yn torri'r cerrig i ffitio gyda'i gilydd yn berffaith. Mae llawer o dwristiaid yn dod i weld y bont – un o'r pum lle mwyaf poblogaidd i dwristiaid yn Ffrainc.

Ffrainc – *France*
pont/ydd (b) – *bridge/s*
dyfrbont/ydd (b) – *aqueduct/s*
yn ymyl – *near*
de (g) – *south*
codi – *to build*
Rhufeiniaid – *Romans*
ychydig – *little*
cyn – *before*
cyfnod/au (g) – *period/s*
Cristnogol – *Christian*
yn ogystal â – *as well as*
ffordd/ffyrdd (b) – *road/s*
cario – *to carry*
dŵr/dyfroedd (g) – *water/s*
tref/i (b) – *town/s*

lefel/au (b) – *level/s*
cyntaf – *first*
pen/nau (g) – *top/s*
sianel/au (b) – *channel/s*
mortar/au (g) – *mortar/s*
torri – *to cut*
carreg/cerrig (b) – *stone/s*
ffitio – *to fit*
gyda'i gilydd – *together*
perffaith – *perfect*
llawer (o) – *a lot (of)*
twrist/iaid (g/b) – *tourist/s*
gweld – *to see*
pump – *five*
mwyaf – *most*
poblogaidd – *popular*

PONT PORTHLADD SYDNEY

Cafodd Pont Porthladd Sydney ei hagor ar 19 Mawrth 1932. Mae'n cysylltu dwy ran dinas Sydney dros Fae Port Jackson. Pont fwa ydy hi. Dyma'r bont ddur fwyaf yn y byd – ond dim yr hiraf! Cafodd dur o Lynebwy yng Nghymru ei ddefnyddio i godi'r bont. Yn y nos mae'r golau yn gwneud siâp cambren dillad ar y bont. Mae wyth llwybr ar gyfer moduron, dwy ar gyfer y rheilffordd, llwybr cerdded a llwybr seiclo ar y bont. Rydych chi'n gallu dringo i ben y bont a mwynhau'r golygfeydd hyfryd. Mae'r bont a'r porthladd wedi dod yn symbol o Awstralia.

pont/ydd (b) – bridge/s
porthladd/oedd (g) – harbour/s
agor – to open
cysylltu – to link
rhan/nau (b) – part/s
dinas/oedd (b) – city/cities
bae/au (g) – bay/s
bwa/bwâu – arch/es
dur/oedd (g) – steel
mwyaf – largest
byd/oedd (g) – world/s
hiraf – longest
Glynebwy – Ebbw Vale
Cymru – Wales
defnyddio – to use
codi – to build

cambren/ni (g) dillad – clothes hanger/s
llwybr/au (g) – lane/s
ar gyfer – for
modur/on (g) – vehicle/s
rheilffordd/rheilffyrdd (g) – railway/s
cerdded – to walk
seiclo – to cycle
gallu – to be able to
dringo – to climb
pen/nau (g) – top/s
mwynhau – to enjoy
golygfa/golygfeydd (b) – scenery/sceneries
hyfryd – pleasant
symbol/au (g) – symbol/s
Awstralia – Australia

PONT BROOKLYN

Cyfres y Pontydd - S4C
Elin Mai sydd yma:

Dw i'n sefyll yn ymyl Pont Brooklyn, un o'r pontydd crog hynaf yn yr Unol Daleithiau. Cafodd ei hagor ar 24 Mai 1883. Hi oedd y bont grog gyntaf i ddefnyddio ceblau dur. Mae'n mynd dros yr Afon East yn ninas Efrog Newydd ac yn cysylltu Manhattan a Brooklyn. Pensaer y bont oedd John Augustus Roebling. Mae chwe llwybr ar y bont i gludo moduron. Rydych chi hefyd yn gallu cerdded a seiclo dros y bont. Mae hi'n 1,825 medr o hyd. Mwy am bontydd yr Unol Daleithiau y tro nesaf.

pont/ydd (b) – *bridge/s*
cyfres/i (b) – *series*
pont grog(b)/pontydd crog – *suspension bridge/s*
hynaf – *oldest*
Yr Unol Daleithiau – *The United States*
agor – *to open*
cyntaf – *first*
defnyddio – *to use*
cebl/au (g) – *cable/s*
dur/oedd (g) – *steel/s*
afon/ydd (b) – *river/s*
dinas/oedd (b) – *city/cities*

Efrog Newydd – *New York*
cysylltu (â) – *to link (with)*
pensaer/penseiri (g) – *architect/s*
llwybr/au (g) – *lane/s, path/s*
cludo – *to carry*
modur/on (g) – *vehicle/s*
cerdded – *to walk*
seiclo – *to cycle*
medr/au (g) – *metre/s*
hyd (g) – *length/s*
mwy – *more*
y tro nesaf – *the next time*

PONT CONFEDERATION

Pont yng Nghanada dros Gulfor Northumberland ydy Pont Confederation. Mae hi'n cysylltu Prince Edward Island â New Brunswick. Gwasanaeth fferi oedd yn cysylltu'r ddau le o'r blaen. Dyma'r bont hiraf yng Nghanada. Mae hi'n 12.9 cilomedr o hyd. Cafodd ei hagor ar 31 Mai 1997. Dyma'r bont hiraf yn y byd dros ddŵr sy'n rhewi Mae iâ dros y dŵr am bum mis yn y flwyddyn. Siâp S sydd i'r bont – i gadw gyrwyr yn effro, efallai! Pont o goncrid gyda dau lwybr ydy hi. Dydych chi ddim yn gallu cerdded na seiclo dros y bont. Rhaid i chi yrru!

pont/ydd (b) – *bridge/s*
culfor/oedd (g) – *strait/s*
cysylltu (â) – *to link (with)*
o'r blaen – *previously*
gwasanaeth/au (g) – *service/s*
fferi/fferïau (b) – *ferry/ferries*
dau – *two*
lle/oedd (g) – *place/s*
hiraf – *longest*
byd/oedd (g) – *world/s*
hyd/au (g) – *length/s*
cilomedr/au (g) – *kilometre/s*
agor – *to open*
dŵr/dyfroedd (g) – *water/s*

rhewi – *to freeze*
iâ (g) – *ice*
mis/oedd (g) – *month/s*
blwyddyn/blynyddoedd (b) – *year/s*
siâp/au (g) – *shape/s*
cadw – *to keep*
gyrrwr/gyrwyr (g) – *driver/s*
effro – *awake*
efallai – *perhaps*
concrid (g) – *concrete*
llwybr/au (b) – *lane/s, path/s,*
cerdded – *to walk*
seiclo – *to cycle*
gyrru – *to drive*

PONT BRITANNIA

Pont rheilffordd oedd hon ar y dechrau. Enw cywir y bont ydy Pont Llanfair. Enw arall ar y bont hon gan y bobl leol ydy Y Tiwb. Mae'n cysylltu Ynys Môn a'r tir mawr ar draws y Fenai. Cafodd ei dylunio gan Robert Stephenson (1803-1859). Agorodd ar 5 Mawrth 1850. Aeth ar dân ar 23 Mai 1970. Cafodd ei hailadeiladu gyda ffordd newydd yn mynd drosti. Agorodd y bont newydd i'r rheilffordd yn 1972. Agorodd y ffordd uwchben y rheilffordd yn 1980. Mae pedwar llew tew yn gwarchod y bont wrth y ddwy fynedfa. John Thomas gerfiodd y llewod. hyn

pont/ydd (b) – *bridge/s*
rheilffordd/rheilffyrdd (b) – *railway/s*
ar y dechrau – *at the beginning*
enw/au (g) – *name/s*
cywir – *correct*
arall – *another*
pobl/oedd (b) – *people/s*
lleol – *local*
Y Tiwb – *The Tube*
cysylltu (â) – *to link (to)*
Ynys Môn – *Anglesey*
tir mawr (g) – *mainland*
ar draws – *across*
afon/ydd (b) – *river/s*

dylunio – *to design*
agor – *to open*
mynd ar dân – *to catch fire*
ailadeiladu – *to rebuild*
ffordd/ffyrdd (b) – *road/s*
newydd – *new*
mynd – *to go*
uwchben – *above*
llew/od (g) – *lion/s*
tew – *fat*
gwarchod – *to protect*
mynedfa/mynedfeydd (b) – *entrance/s*
cerfio – *to carve*

PONT TŴR LLUNDAIN

Pont yn ymyl Tŵr Llundain ydy hon. Mae'n croesi Afon Tafwys. Cafodd ei hagor ar 30 Mehefin 1894. Y pryd hwnnw, roedd llawer o longau tal yn hwylio i fyny'r Tafwys o'r môr. Mae codi pontydd tal dros afon neu gamlas yn gallu bod yn ddrud. Weithiau, mae'n amhosibl gwneud hynny. Yr ateb, felly, ydy codi pont isel sy'n gallu symud. Mae gan y bont hon ddau gantilifer. Maen nhw'n gallu agor a gadael i'r llongau fynd dan y bont. Yr enw ar y math yma o bont ydy pont wrthbwys. Hon ydy'r bont wrthbwys fwyaf enwog yn y byd.

pont/ydd (b) – *bridge/s*	drud – *expensive*
tŵr/tyrrau (g) – *tower/s*	weithiau – *sometimes*
croesi – *to cross*	amhosibl – *impossible*
Afon Tafwys – *River Thames*	gwneud – *to do*
agor – *to open*	hynny – *that*
Mehefin – *June*	ateb/ion (g) – *answer/s*
y pryd hwnnw – *at that time*	felly – *therefore*
llawer (o) – *a lot (of)*	isel – *low*
llong/au (b) – *ship/s*	symud – *to move*
tal – *tall*	cantilifer/cantilifrau (g) – *cantilever/s*
hwylio – *to sail*	agor – *to open*
i fyny – *up*	gadael...(i) – *to leave... (to)*
môr/oedd (g) – *sea/s*	mynd – *to go*
codi – *to build*	math/au (g) – *type/s*
afon/ydd (b) – *river/s*	gwrthbwys/au (g) – *counterweight/s*
camlas/camlesi (b) – *canal/s*	mwyaf enwog – *most famous*
gallu – *to be able to*	byd/oedd (g) – *world/s*

PONT RHEILFFORDD FORTH

Pont Rheilffordd Forth oedd y bont ddur gyntaf yn y byd pan gafodd ei hagor ar 4 Mawrth 1890. Mae'n mynd dros yr afon Firth of Forth ac yn cysylltu Caeredin, prifddinas yr Alban, â Fife. Mae'n cael ei galw'n Bont Rheilffordd Forth gan fod pont hefyd o'r enw Pont Ffordd Firth. Pont gantilifrog ydy hi – does dim byd yn cynnal y bont yn y canol. Mae'n cymryd llawer o amser i baentio'r bont! Erbyn gorffen mae'n amser dechrau o'r dechrau unwaith eto! Dyma pam rydyn ni'n dweud *'Fel paentio Pont Rheilffordd Afon Forth'* am waith sydd byth yn gorffen!

pont/ydd (b) – *bridge/s*
rheilffordd/rheilffyrdd (b) – *railway/s*
dur/oedd (g) – *steel*
cyntaf – *first*
byd/oedd (g) – *world/s*
agor – *to open*
Mawrth – *March*
mynd – *to go*
afon/ydd (b) – *river/s*
cysylltu (â) – *to link (to)*
Caeredin – *Edinburgh*
prifddinas/oedd (b) – *capital city/cities*
hefyd – *also*
o'r enw – *called/named*
ffordd/ffyrdd (b) – *road/s*
pont/ydd (b) cantilifrog – *cantilever bridge/s*

cynnal – *to uphold/support*
canol/au (g) – *middle/s*
cymryd – *to take*
llawer (o) – *a lot (of)*
amser/oedd (g) – *time/s*
paentio – *to paint*
gorffen – *to finish*
dechrau – *to start/the start*
unwaith eto – *once again*
pam – *why*
fel – *like*
am – *for*
gwaith/gweithiau (g) – *work/s*
byth – *never*
gorffen – *to finish/to end*

PONT MENAI

Enw arall ar y bont ydy Pont y Borth. Pont grog ydy hon - y fwyaf yn y byd ar y pryd. Dyma'r bont barhaol gyntaf i gysylltu Ynys Môn â'r tir mawr ar draws y Fenai. Mae hi'n cario ffordd brysur yr A5. Thomas Telford o'r Alban oedd y peiriannydd ac roedd e'n enwog drwy'r byd i gyd. Cafodd y bont ei hagor ar 30 Ionawr 1826. Yn 1968 defnyddiodd y Swyddfa Bost lun o'r bont ar un o'i stampiau. Roedd hefyd ar gefn darnau punt a gafodd eu bathu yn 2005. Rydych chi'n gallu cerdded dros y bont.

pont/ydd (b) – *bridge/s*
enw/au (g) – *name/s*
arall/eraill – *other/s*
pont grog/pontydd crog (b) – *suspension bridge/s*
mwyaf – *biggest*
byd/oedd (g) – *world/s*
ar y pryd – *at the time*
parhaol – *permanent*
cyntaf – *first*
cysylltu (â) – *to link (to)*
tir mawr (g) – *mainland*
ar draws – *across*
afon/ydd (b) – *river/s*
cario – *to carry*

ffordd/ffyrdd (b) – *road/s*
prysur – *busy*
peiriannydd/peirianwyr (g) – *engineer/s*
Yr Alban – *Scotland*
enwog – *famous*
i gyd – *all*
agor – *to open*
defnyddio – *to use*
Swyddfa Bost – *Post Office*
llun/iau (g) – *picture/s*
stamp/iau (g) – *stamp/s*
ar gefn – *on the back of*
darn/au (g) – *piece/s*
punt/punnoedd (b) – *pound/s*
bathu – *to coin*

PONT AKASHI KAIKYO

Enw arall ar y bont hon yn Siapan ydy Pont Perl. Agorodd ar 5 Ebrill 1998 ar ôl deng mlynedd o waith. Hi ydy'r bont grog hiraf yn y byd. Mae'n cysylltu Honshu ar y tir mawr ag Ynys Awaji ar draws Culfor Akashi. Mae'n cario rhan o ffordd fawr Honshu-Shikoku. Roedd pobl yn arfer croesi Culfor Akashi mewn bad. Yn 1955, suddodd dau fad yn ystod storm a buodd 168 o blant ac oedolion. farw Dyna pryd dechreuodd llywodraeth Siapan ddatblygu cynlluniau i godi'r bont. Pont ffordd yn unig ydy hon gyda chwe llwybr. Mae tri bwa i'r bont.

pont/ydd (b) – bridge/s
enw/au (g) – name/s
arall/eraill – other/s
Siapan – Japan
agor – to open
ar ôl – after
deng mlynedd – ten years
gwaith/gweithiau (g) – work/s
pont grog/pontydd crog (b) – suspension
   bridge/s
cysylltu (â/ag) – to link (to)
tir mawr (g) – mainland
ynys/oedd (b) – island/s
ar draws – across
culfor/oedd (g) – channel/s, strait/s
cario – to carry
rhan/nau (b) – part/s
ffordd fawr/ffyrdd mawr (b) – main road/s
pobl/oedd (b) – people/s

croesi – to cross
bad/au (g) – boat/s
suddo – to sink
yn ystod – during
storm/ydd (b) – storm/s
marw – to die
plentyn/plant (g) – child/children
oedolyn/oedolion (g) – adult/s
pryd – when
dechrau – to start
llywodraeth/au (b) – government/s
datblygu – to develop
cynllun/iau (g) – plan/s
codi – to build
unig – only
chwech – six
llwybr/au (g) – lane/s
bwa/bwâu (g) – arch/es

ANIFEILIAID

RED RUM

Ceffyl rasio oedd Red Rum?

Ie – o Iwerddon.

Pam mae e'n enwog?

Wyt ti'n gwybod am y Grand National yn Aintree yn Lerpwl?

Ydw.

Wel, enillodd Red Rum y ras deirgwaith – yn 1973, 1974 a 1977, yr unig geffyl i wneud hyn. Roedd e'n ail hefyd yn 1975 a 1976.

Tipyn o geffyl!

Ti'n iawn! Roedd e'n cael gwahoddiad i agor archfarchnadoedd weithiau. Hefyd, roedd e'n dod yn ôl i arwain parêd y Grand National yn Aintree bob blwyddyn. Buodd e farw yn 1995, ac mae cerflun ohono yn Aintree. Cafodd ei gladdu yno gyda'i ben yn wynebu'r postyn terfynol!

---

ceffyl/au (g) – *horse/s*
rasio – *to race*
Iwerddon – *Ireland*
enwog – *famous*
Lerpwl – *Liverpool*
ras/ys (b) – *race/s*
teirgwaith – *three times*
unig – *only*
ail – *second*
tipyn o – *what a …!*
agor – *to open*

archfarchnad/oedd (b) – *supermarket/s*
weithiau – *sometimes*
yn ôl – *back*
arwain – *to lead*
parêd/au (g) – *parade/s*
marw – *to die*
cerflun/iau (g) – *statue/s*
claddu – *to bury*
pen/nau (g) – *head/s*
wynebu – *to face*
postyn terfynol (g) – *winning post*

SHAMBO

27 Gorffennaf 2007 – dyma'r newyddion: Ar ôl cynnal gwasanaeth yn Nheml Hindŵaidd Skanda Vale, ger Llanpumsaint yn sir Gaerfyrddin ddoe, cafodd Shambo, y tarw Ffrisia du, ei symud i ladd-dy i'w ddifa. Roedd wedi profi'n bositif i'r diciâu. Yn ôl y gyfraith, mae'n rhaid difa anifeiliaid sy'n profi'n bositif i'r diciâu er mwyn gwarchod iechyd pobl ac anifeiliaid. Mae gwartheg yn anifeiliaid sanctaidd i'r Hindwiaid ac roedd y mynachod yn erbyn ei ddifa, a'r ffermwyr o blaid. Buodd llawer o ddadlau rhwng cyfreithwyr y mynachod a'r llywodraeth yng Nghaerdydd a Llundain. Ond erbyn heddiw mae'r helynt wedi dod i ben.

newydd/ion (g) – *news*
gwasanaeth/au (g) – *service/s*
teml/au (b) – *temple/s*
Hindŵaidd – *Hindu*
tarw/teirw (g) – *bull/s*
lladd-dy/dai (g) – *abattoir/s*
difa – *to destroy*
profi – *to test*
diciâu (g) – *tuberculosis*
yn ôl – *according to*
cyfraith/cyfreithiau (b) – *law/laws*
er mwyn – *in order to*
anifail/anifeiliaid (b) – *animal/s*
gwarchod – *to protect*

iechyd (g) – *health*
gwartheg (ll) – *cattle*
sanctaidd – *holy*
Hindw/iaid – *Hindu/s*
mynach/od (g) – *monk/s*
yn erbyn – *against*
o blaid – *for*
dadlau – *to argue*
cyfreithiwr/cyfreithwyr (g) – *solicitor/s*
llywodraeth/au (b) – *government/s*
Caerdydd – *Cardiff*
Llundain – *London*
helynt/ion (g) – *dispute/s*
dod i ben – *to come to an end*

HUMPHREY

Cath ddu a gwyn oedd Humphrey (m. 2006). Roedd hi'n byw yn 10 Stryd Downing yn Llundain o Hydref 1989 tan 13 Tachwedd 1997. Cath grwydr oedd Humphrey cyn mynd yno. Roedd yn byw yn Stryd Downing pan oedd Margaret Thatcher, John Major a Tony Blair yn brif weinidogion. Cath o'r enw Wilberforce oedd yno cyn Humphrey. Gwaith Humphrey oedd dal llygod a llygod mawr yn yr hen adeiladau o gwmpas Stryd Downing, ac mae lluniau o Humphrey y tu allan i Stryd Downing ar gael. Ar ôl ymddeol aeth Humphrey i fyw gyda chwpl caredig, oedrannus yn ne Llundain.

cath/od (b) – cat/s
byw – to live
Llundain – London
Hydref – October
Tachwedd – November
crwydr – stray
cyn – before
prif weinidog/ion (g) – prime minister/s
o'r enw – called
llygoden/llygod (b) – mouse/mice
llygoden fawr/llygod mawr (b) – rat/s

hen – old
adeilad/au (g) – building/s
o gwmpas – around
llun/iau (g) – photograph/s
y tu allan – outside
ar gael – available
ar ôl – after
ymddeol – to retire
cwpl/cyplau (g) – couple/s
caredig – kind
oedrannus – elderly
de – south

26

PICKLES

Ci mwngrel du a gwyn ac enwog oedd Pickles (m.1967). Yn 1966, cafodd tlws Jules Rimet ei ddwyn o Neuadd Westminster, Llundain, bedwar mis cyn cystadleuaeth pêl-droed Cwpan y Byd yn Lloegr. Ond pan oedd Pickles yn mynd am dro gyda David Corbett, ei berchennog, daeth e o hyd i'r tlws wedi'i lapio mewn papur newydd ar waelod gardd yn Beulah Hill, de Norwood, de Llundain. Ar ôl i Loegr ennill Cwpan y Byd aeth Pickles i'r parti dathlu. Cafodd lyfu'r platiau'n lân a chafodd David Corbett £6,000 o wobr. Does neb yn gwybod hyd heddiw pwy oedd y lleidr.

ci/cŵn (g) – dog/s
enwog – famous
tlws/tlysau (g) – trophy/trophies
dwyn – to steal
neuadd/au (b) – hall/s
mis/oedd (g) – month/s
cystadleuaeth/cystadlaethau (b) – competition/s
Cwpan y Byd – World Cup
mynd am dro – to go for a walk
perchennog/perchnogion (g) – owner/s
dod o hyd i – to find (something)
lapio – to wrap
papur/au newydd (g) – newspaper/s

ar waelod – at the bottom (of)
gardd/gerddi (b) – garden/s
de Llundain – south London
ar ôl – after
ennill – to win
parti/partïon dathlu (g) – celebration party/ parties
llyfu – to lick
plât/platiau (g) – plate/s
glân – clean
gwobr/gwobrwyon (b) – prize/s
gwybod – to know
hyd – till
lleidr/lladron (g) – thief/thieves

DOLLY

Dafad oedd Dolly (m. 2003). Hi oedd y mamolyn clôn cyntaf. Union gopi genetig o rywbeth byw ydy clôn. Cafodd Dolly ei geni ar 5 Gorffennaf 1996. Roedd ei geni'n gamp fawr i wyddonwyr Athrofa Roslin yn yr Alban. Mae clonio, fodd bynnag, yn fater dadleuol. Mae'n help i ymchwil a meddygaeth, yn ôl rhai, ond mae eraill yn gwrthwynebu arbrofi fel hyn. Cafodd Dolly chwech o ŵyn bach a maharen o Gymru oedd y tad! Roedd rhaid difa Dolly yn y diwedd achos problemau gyda'r ysgyfaint a gwynegon. Cafodd Dolly ei stwffio a'i gosod yn Amgueddfa Frenhinol yr Alban.

dafad/defaid (b) – *sheep*
mamolyn/mamolion (g) – *mammal/s*
clôn/au (g) – *clone/s*
union – *exact*
genetig – *genetic*
rhywbeth – *something*
byw – *alive/living*
geni – *to be born*
camp/au (b) – *feat/s*
gwyddonydd/gwyddonwyr (g) – *scientist/s*
athrofa/athrofeydd (b) – *institute/s*
Yr Alban – *Scotland*
clonio – *to clone*
fodd bynnag – *however*
mater/ion (g) – *issue/s*

dadleuol – *contentious*
ymchwil (b/g) – *research/es*
meddygaeth (b) – *medicine*
yn ôl – *according to*
gwrthwynebu – *to oppose*
arbrofi – *to experiment*
oen/ŵyn (g) – *lamb/s*
maharen/meheryn (g) – *ram/s*
difa – *to destroy*
yn y diwedd – *in the end*
ysgyfaint (ll) – *lungs*
gwynegon (g) – *arthritis*
gosod – *to place*
amgueddfa/amgueddfeydd (b) – *museum/s*
brenhinol – *royal*

ALEX

Parot llwyd Affricanaidd oedd Alex (m. 2007). Roedd yn gallu cyfrif i chwech ac adnabod lliwiau. Roedd yn gwybod dros gant o eiriau a beth oedd ystyr 'mwy' a 'llai'. Alex oedd seren Dr Irene Pepperberg, gwyddonydd ym Mhrifysgol Brandeis, Boston. Prynodd hi Alex o siop anifeiliaid yn 1977 pan oedd tuag un oed. Treuliodd 30 o flynyddoedd yn ei hyfforddi. Roedd Irene Pepperberg yn credu bod Alex yn gallu deall a meddwl. Ond dynwared yn unig oedd Alex, yn ôl gwyddonwyr eraill. Beth bynnag, mae un peth yn sicr – doedd Alex ddim yn dwp! Roedd yn enwog yn America.

parot/iaid (g/ b) – *parrot/s*
llwyd – *grey*
gallu – *to be able to*
cyfrif – *to add*
adnabod – *to recognize*
lliw/iau (g) – *colour/s*
gwybod – *to know (a fact)*
cant/cannoedd (g) – *hundred/s*
gair/geiriau (g) – *word/s*
ystyr/on (g/ b) – *meaning/s*
mwy – *more*
llai – *less*
seren/sêr (b) – *star/s*
gwyddonydd/gwyddonwyr (g) – *scientist/s*
prifysgol/ion (b) – *university/universities*

prynu – *to buy*
siop/au (b) – *shop/s*
anifail/anifeiliaid (g) – *animal/s*
tuag – *about*
blwyddyn/blynyddoedd (b) – *year/s*
treulio – *to spend (time)*
hyfforddi – *to train*
credu – *to believe*
deall – *to understand*
meddwl – *to think*
dynwared – *to imitate*
yn unig – *only*
beth bynnag – *whatever*
twp – *stupid*
enwog – *famous*

ELSA

Llewes oedd Elsa (m. 1961). Roedd hi'n amddifad. Cafodd ei magu gan George a Joy Adamson yn Cenia. Ciper oedd George. Roedd Elsa'n byw fel anifail anwes gyda'r teulu Adamson pan oedd yn fach ond dysgodd sut i hela a byw yn y gwyllt. Mae'r hanes yn y llyfr *Born Free*. Pan oedd Elsa'n dair oed, roedd ganddi dri o genawon. Daeth â nhw i'w dangos i'r teulu. Mae hanes Elsa a'i chenawon yn y llyfr *Living Free*. Buodd Elsa farw'n ifanc. Roedd y cenawon yn fwy gelyniaethus at bobl wedyn. Aethon nhw i fyw yn y Serengeti yn Tansania.

llewes/au (b) – *lioness/es*
amddifad – *orphaned*
magu – *to bring up*
anifail/anifeiliaid anwes (g) – *pet/s*
hela – *to hunt*
byw – *to live*
yn y gwyllt – *in the wild*
hanes/ion (g) – *story/stories*
cenau/cenawon (g) – *cub/s*

dod â – *to bring*
dangos – *to show*
teulu/oedd (g) – *family/families*
marw – *to die*
ifanc – *young*
gelyniaethus – *hostile*
pobl/oedd (b) – *people/s*
wedyn – *afterwards*
mynd – *to go*

WINNIE

Arth ddu oedd Winnie (m.1934). Roedd hi'n amddifad ar ôl i heliwr saethu ei mam. Prynodd Harry Colebourn hi yn Ontario. Milfeddyg oedd Harry, o Birmingham yn wreiddiol, cyn iddo symud i Ganada i fyw. Cafodd yr arth ei henwi ar ôl Winnipeg, y dref ble roedd cartref Colebourn yng Nghanada. Roedd rhaid i Colebourn adael Winnie yn Sw Llundain pan oedd ar ei ffordd i Ffrynt y Gorllewin gyda chatrawd o Ganada yn ystod y Rhyfel Byd Cyntaf. Ar ôl i'r rhyfel orffen penderfynodd adael Winnie yno. Mae'r gyfres lyfrau ar gyfer plant, sef *Winnie-the-Pooh* yn seiliedig ar Winnie.

arth/eirth (b) – *bear/s*
amddifad – *orphaned*
ar ôl – *after*
heliwr/helwyr (g) – *hunter/s*
saethu – *to shoot*
milfeddyg/on (g) – *vet/s*
yn wreiddiol – *originally*
symud – *to move*
byw – *to live*
cartref/i (g) – *home/s*
gadael – *to leave*

catrawd/catrodau (b) – *regiment/s*
gorllewin (g) – *west*
Y Rhyfel Byd Cyntaf – *The First World War*
rhyfel/oedd (g) – *war/s*
gorffen – *to finish*
penderfynu – *to decide*
gadael – *to leave*
cyfres/i (b) – *series*
ar gyfer – *for*
sef – *namely*
yn seiliedig ar – *based on*

31

JAMBO

Gorila oedd Jambo (m.1992). Roedd e'n byw yn Sw Jersey. Daeth yn seren dros nos ar 31 Awst 1986 pan gwympodd Levan Merritt, bachgen pump oed, i mewn i dir caeëdig y gorilas, a mynd yn anymwybodol. Gofalodd Jambo am Levan yn dyner. Pan ddaeth y bachgen yn ymwybodol eto a dechrau llefain, gadawodd Jambo a'r gorilas eraill lonydd iddo. Daeth dynion ambiwlans a dau giper i achub y bachgen. Tynnodd llawer o ymwelwyr luniau o'r ddrama, a thynnodd un fideo cartref. Roedd y stori yn y papurau newydd ac ar y teledu drwy'r byd. Mae cofiant Jambo ar gael.

seren/sêr (b) – *star/s*
cwympo – *to fall*
tir/oedd (g) – *land/s*
caeëdig – *enclosed*
anymwybodol – *unconscious*
gofalu (am) – *to care (for)*
tyner – *tenderly*
ymwybodol – *conscious*
eto – *again*
dechrau – *to start*
llefain – *to cry*

gadael llonydd i – *to leave (someone, something) alone*
ciper/iaid (g) – *keeper/s*
achub – *to save*
tynnu llun – *to take a photo*
ymwelydd/ymwelwyr (g) – *visitor/s*
papur/au newydd (g) – *newspaper/s*
byd/oedd (g) – *world/s*
cofiant/cofiannau (g) – *biography/biographies*

SHAWU

Eliffant gwryw oedd Shawu (Sha-who) (m.1982). Fe ydy eliffant mwyaf enwog De Affrica. Cafodd yr enw Shawu ar ôl dyffryn Shawu lle treuliodd y rhan fwyaf o'i fywyd. Un o'r Saith Eliffant Rhyfeddol ym Mharc Cenedlaethol Kruger yn Ne Affrica oedd Shawu – eliffantod gyda'r ysgithrau mwyaf oedden nhw. Ysgithrau Shawu ydy'r rhai mwyaf hir sydd ar gofnod yn Ne Affrica. Erbyn hyn, mae ysgithrau Shawu yn Neuadd yr Eliffantod yng Ngwersyll Letaba ym Mharc Kruber. Yng nghyntedd Palas y Ddinas Goll yn Ne Affrica, sef gwesty enwog a moethus iawn, mae cerflun pres llawn dwf o Shawu, yr eliffant arbennig.

eliffant/od (g) – elephant/s
gwryw – male
enwog – famous
enw/au (g) – name/s
dyffryn/oedd (g) – valley/s
treulio – to spend (time)
y rhan fwyaf – most
bywyd/au (g) – life/lives
rhyfeddol – wondrous
cenedlaethol – national
ysgithr/au (g) – tusk/s
hir – long
ar gofnod – on record

de (g) – south
neuadd/au (b) – hall/s
gwersyll/oedd (g) – camp/s
cyntedd/au (g) – hallway/s
Palas y Ddinas Goll – The Palace of the Lost City
gwesty/au (g) – hotel/s
moethus – luxurious
cerflun/iau (g) – statue/s
pres – bronze
llawn dwf – full size
arbennig – special

BWYDYDD

PWDIN

Beth am wneud pwdin blasus gan ddefnyddio rysáit gan Dudley Newbury – y cogydd teledu enwog. Mae'r rysáit yn ei lyfr: *Prydau i Blesio Pawb*

Fflapjac Datys a Siocled

350g o ddatys
150g o siwgr brown
150g o fargarîn
175g o geirch
270g o siocled wedi'i doddi

Dull

- toddi'r margarîn mewn sosban gyda'r datys a'r siwgr
- gadael i'r gymysgedd dorri i lawr wrth goginio am ychydig
- ychwanegu'r creision ŷd at y cymysgedd
- toddi'r siocled mewn basn arall mewn dŵr poeth
- rhoi'r gymysgedd poeth mewn tun wedi'i iro'n dda a thaenu'r siocled wedi'i doddi drosto.

Torri'n 25 bys cyn iddo oeri.

Mwynhewch!

pwdin/au (g) – *pudding/s*
blasus – *tasty*
defnyddio – *to use*
rysáit/ryseitiau (b) – *recipe/s*
cogydd/ion (g) – *cook/s*
enwog – *famous*
fflapjac/s (b) – *flapjack/s*
datysen/datys (b) – *date/s*
siwgr (g) – *sugar*
margarîn (g) – *margarine*
ceirch – *oats*
siocled/i (g) – *chocolate/s*
toddi – *to melt*
dull/iau (g) – *method/s*
gadael (i) – *to leave*
cymysgedd/au (b) – *mix/es*

torri i lawr – *to break down*
coginio – *to cook*
am ychydig – *for a while*
ychwanegu (at) – *to add (to)*
basn/au (g) – *basin/s*
arall – *another*
dŵr/dyfroedd (g) – *water/s*
poeth – *hot*
rhoi – *to put*
iro – *to grease*
taenu – *to spread*
torri – *to cut*
bys/edd (g) – *finger/s*
cyn – *before*
oeri – *to become cold*
mwynhau – *to enjoy*

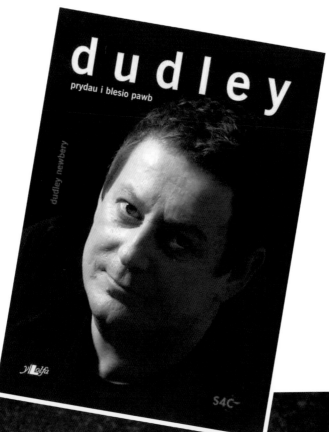

CYRI

Ydych chi'n hoffi cyri? Mae cyri'n boblogaidd drwy'r byd i gyd. Wrth gwrs, mae gwahanol fathau o gyri'n defnyddio gwahanol fathau o gynhwysion. Beth ydych ffefryn chi, tybed? Dyma rai ffeithiau am gyri:

- Mae'n dod o'r gair Kari mewn Tamil
- Mae'n golygu saws sbeislyd
- Agorodd y tŷ cyri cyntaf yng ngwledydd Prydain yn 1809
- Enw'r tŷ oedd Tŷ Coffi Hindustani yn Sgwâr Portman, Llundain
- Mae mwy o dai bwyta Indiaidd yng ngwledydd Prydain nag yn Bombay a Delhi
- Cyw iâr tikka masala ydy'r bwyd Indiaidd mwyaf poblogaidd yng ngwledydd Prydain.

Beth am gyri nawr? Syniad da iawn. Bant â ni!

poblogaidd – *popular*
byd/oedd (g) – *world/s*
wrth gwrs – *of course*
gwahanol – *different*
math/au (g) – *type/s*
cynhwysyn/cynhwysion (g) – *ingredient/s*
ffefryn/nau (g) – *favourite/s*
tybed – *I wonder*
ffaith/ffeithiau (b) – *fact/s*
gair/geiriau (g) – *word/s*

golygu – *to mean*
saws/iau (g) – *sauce/s*
sbeislyd – *spicy*
tŷ/tai bwyta – *restaurant/s*
Indiaidd – *Indian*
Gwledydd Prydain – *British Isles*
cyw iâr/cywion ieir (g) – *chicken/s*
mwyaf – *most*
syniad/au (g) – *idea/s*
bant â ni – *off we go*

PASTA a PIZZA

Bwydydd o'r Eidal ydy Pasta a Pizza. Mae pasta'n cael ei wneud o flawd cyflawn a dŵr. Mae sawl math o basta gwahanol, fel sbageti, macaroni, ffiwsili a *lasagne* ar gael. Mae pasta'n cynnwys carbohydrad sy'n rhoi egni i ni. Yn Rhufain, prifddinas yr Eidal, mae amgueddfa basta – yr unig un yn y byd. Daeth pizza o Naples yn y lle cyntaf – pizza gyda thoes bara, topin tomato a chaws mosarela. Erbyn hyn, mae pob math o dopins ar gael, fel ham a bwyd môr. Ydych chi wedi prynu pizza parod mewn pizzeria? Mae pizzerias drwy'r byd i gyd nawr.

Yr Eidal – *Italy*
blawd cyflawn (g) – *wholemeal flour*
dŵr/dyfroedd (g) – *water/s*
sawl – *several*
math/au (g) – *type/s*
yn cynnwys – *to contain*
carbohydrad/au (g) – *carbohydrate/s*
egni/egnïoedd (g) – *energy/energies*
Rhufain – *Rome*
prifddinas/oedd (b) – *capital city/cities*

amgueddfa/amgueddfeydd (b) – *museum/s*
yr unig un – *the only one*
byd/oedd (g) – *world/s*
y lle cyntaf – *the first place*
toes (g) – *dough*
topin/s (g) – *topping*
caws/iau (g) – *cheese*
môr/moroedd (g) – *sea/s*
pizza parod – *takeaway pizza*
drwy'r byd i gyd – *throughout the world*

BWYD ORGANIG

Mae bwyd organig yn cael ei gynhyrchu, ei brosesu a'i bacio heb ddefnyddio cemegau. Mae'n dod yn fwy poblogaidd o flwyddyn i flwyddyn. Mae eitemau organig poblogaidd yn cynnwys te, coffi, gwin, cig, llaeth, mêl, llysiau, ffrwythau, reis, ŷd, olew cnau coco ac olew olewydd. Fel rheol, mae bwydydd organig ychydig yn fwy drud na bwydydd eraill. Ond, yn ôl grwpiau organig, maen nhw'n blasu'n well ac yn cynnwys mwy o fitaminau a mwynau. Mae'r nod organig ar fwyd hefyd yn gwarantu lles anifeiliaid. Er enghraifft, mae wyau organig yn dod o ieir sy'n rhydd i grwydro yma a thraw.

organig – *organic*
cynhyrchu – *to produce*
prosesu – *to process*
pacio – *to pack*
defnyddio – *to use*
cemegyn/cemegau (g) – *chemical/s*
eitem/au (b) – *item/s*
poblogaidd – *popular*
cynnwys – *to include*
gwin/oedd (g) – *wine/s*
cig/oedd (g) – *meat/s*
llaeth (g) – *milk*
mêl (g) – *honey*
llysieuyn/llysiau (g) – *vegetable/s*
ffrwyth/au (g) – *fruit/s*
reis (g) – *rice*
ŷd/ydau (g) – *corn*
olew (g) – *oil*
olewydden/olewydd (b) – *olive-tree/s*
fel rheol – *usually*

ychydig – *little*
mwy – *more*
drud – *expensive*
yn ôl – *according to*
grŵp/grwpiau (g) – *group/s*
blasu – *to taste*
gwell – *better*
fitamin/au (g) – *vitamin/s*
mwyn/au (g) – *mineral/s*
nod/au (g/b) – *mark/s*
gwarantu – *to warrant/guarantee*
lles (g) – *well-being*
anifail/anifeiliaid (g) – *animal/s*
er enghraifft – *for example*
wy/au (g) – *egg/s*
iâr/ieir (b) – *hen/s*
rhydd – *free*
crwydro – *to wander*
yma a thraw – *here and there*

BARA LAWR

Roedd merched yn y ddeunawfed ganrif a'r bedwaredd ganrif ar bymtheg yn casglu gwymon bwytadwy o'r enw 'lafwr' ar arfordir Penrhyn Gŵyr, sir Benfro ac Ynys Môn. Ar ôl golchi'r gwymon, ei ferwi a'i wasgu, roedd e'n cael ei orchuddio gyda blawd ceirch. Yna, roedd e'n cael ei ffrïo mewn saim cig moch i wneud bara lawr. Roedd yn cael ei werthu ym marchnadoedd y de, yn enwedig Abertawe. Mae Pen-clawdd ym Mro Gŵyr yn enwog am fara lawr. Mae'n ddanteithfwyd heddiw. Mae'n cael ei allforio i sawl gwlad. Mae'n cael ei fwyta gyda chig moch neu gocos i frecwast.

bara lawr (g) – *laver bread*
merch/ed (b) – *woman/women*
deunawfed ganrif – *eighteenth century*
pedwaredd ganrif ar bymtheg – *nineteenth century*
casglu – *to collect*
gwymon (g) – *seaweed*
bwytadwy – *edible*
o'r enw – *called*
arfordir/oedd (g) – *coast/s*
Penrhyn Gŵyr – *Gower Peninsula*
sir Benfro – *Pembrokeshire*
Ynys Môn – *Anglesey*
golchi – *to wash*
berwi – *to boil*
gwasgu – *to squeeze*
gorchuddio – *to cover*
blawd (g) – *flour*

ceirchen/ceirch (b) – *oat/s*
ffrïo – *to fry*
saim/seimiau (g) – *fat/s*
cig moch (g) – *bacon*
gwerthu – *to sell*
marchnad/oedd (b) – *market/s*
de – *south*
yn enwedig – *especially*
Abertawe – *Swansea*
enwog – *famous*
danteithfwyd/ydd (g) – *luxury dish/es*
heddiw – *today*
allforio – *to export*
sawl – *several*
gwlad/gwledydd (b) – *country/countries*
bwyta – *to eat*
cocsen/cocos (b) – *cockle/s*
brecwast/au (g) – *breakfast/s*

BWYDYDD HALAL

Moslemiaid sy'n bwyta bwydydd halal. Gair Arabeg ydy halal. Mae'n golygu 'cyfreithlon'. Bwydydd halal ydy bwydydd sy'n gyfreithlon yn ôl canllawiau bwyta Islam. Mae'n rhaid lladd anifeiliaid mewn dull arbennig i gael cig halal. Enw'r dull yma ydy zibah. Dydy Moslemiaid ddim yn gallu bwyta ac yfed popeth ychwaith. Er enghraifft, dydyn nhw ddim yn gallu bwyta porc nac yfed alcohol. Haram ydy'r enw ar y bwydydd neu'r cynhwysion sy ddim yn dderbyniol. Mae haram yn golygu 'gwrthodedig'. Mae llawer iawn o siopau a thai bwyta mewn dinasoedd a threfi ar draws Gwledydd Prydain yn cadw bwydydd halal erbyn hyn.

Moslem/iaid (g/b) – Muslim/s
bwyta – to eat
bwyd/ydd (g) – food/s
Arabeg – Arabic
golygu – to mean
cyfreithlon – legal
yn ôl – according to
canllaw/iau (g) – guideline/s
lladd – to kill
anifail/anifeiliaid (g) – animal/s
dull/iau (g) – method/s
arbennig – special
cig/oedd (g) – meat/s
er enghraifft – for example
gallu – to be able to

yfed – to drink
popeth – everything
ychwaith – either
cynhwysyn/cynhwysion (g) – ingredient/s
derbyniol – acceptable
gwrthodedig – rejected
siop/au (b) – shop/s
tŷ/tai bwyta (g) – restaurant/s
dinas/oedd (b) – city/cities
tref/i (b) – town/s
ar draws – across
Gwledydd Prydain – British Isles
cadw – to keep
erbyn hyn – by now

REIS

Ydych chi'n hoffi bwyta reis? Grawnfwyd ydy e ac mae e'n cael ei fwyta drwy'r byd i gyd. Mae pobl yn Asia wedi tyfu a bwyta reis er pum mil o flynyddoedd. Pobl gwledydd Asia sy'n bwyta'r rhan fwyaf o'r reis yma. Mae llawer o reis yn cael ei dyfu hefyd yn America ac Awstralia a'i allforio wedyn i wledydd eraill. Mae pobl yn bwyta reis mewn sawl ffordd wahanol – yn boeth ac yn oer, ar ei ben ei hun neu gyda chig a llysiau. Reis brown ydy'r gorau i chi. Mae reis yn garbohydrad sy'n rhoi egni i ni.

bwyta – *to eat*
grawnfwyd/ydd (g) – *cereal/s*
reis (g) – *rice*
drwy'r byd i gyd – *throughout the world*
tyfu – *to grow*
er – *since*
mil/oedd (b) – *thousand/s*
blwyddyn/blynyddoedd (b) – *year/s*
gwlad/gwledydd (b) – *country/countries*
allforio – *to export*
wedyn – *then, afterwards*

ffordd/ffyrdd (b) – *way/s*
gwahanol – *different*
poeth – *hot*
oer – *cold*
ar ei ben ei hun – *by itself*
cig/oedd (g) – *meat/s*
llysieuyn/llysiau (g) – *vegetable/s*
gorau – *best*
carbohydrad/au (g) – *carbohydrate/s*
rhoi – *to give*
egni /egnïon (g) – *energy/energies*

PYSGOD FFRES

Mae pobl Siapan yn bwyta llawer iawn o bysgod. Maen nhw'n hoffi pysgod ffres neu bysgod amrwd i fod yn berffaith gywir. Un o'u hoff fwydydd ydy sashimi, sef pysgod ffres, amrwd wedi'u sleisio'n denau. Mae sashimi'n cael ei weini gyda reis, fel sushi, a gyda sinsir, saws soi a wasabi. Mae sawl math o bysgod yn cael eu defnyddio ar gyfer sashimi, yn cynnwys tiwna, macrell, ystifflog ac octopws. Y pysgodyn mwyaf enwog sy'n cael ei ddefnyddio ydy'r chwyddbysgodyn. Mae gan chwyddbysgod goden wenwynig. Mae'r goden yn gallu eich lladd. Felly, mae'n rhaid ei symud yn ofalus a chywir.

pobl/oedd (b) – people/s
bwyta – to eat
llawer – lot
pysgodyn/pysgod (g) – fish/es
ffres – fresh
amrwd – raw
yn berffaith gywir – exact
sleisio – to slice
tenau – thin
gweini – to serve
reis (g) – rice
sinsir (g) – ginger
saws/iau (g) – sauce/s
math/au (g) – type/s
defnyddio – to use
yn cynnwys – including

tiwna/tiwnaod (g) – tuna
macrell/mecryll (g) – mackerel/s
ystifflog/od (g) – cuttlefish
octopws/octopysau (g) – octopus
mwyaf – most
enwog – famous
chwyddbysgodyn/chwyddbysgod (g)
    – swellfish
coden /nau (b) – pouch/es
gwenwynig – poisonous
gallu – to be able to
lladd – to kill
symud – to move
gofalus – careful
cywir – correct

PRYFED WEDI'U FFRïO

Byrbryd poblogaidd mewn llawer o wledydd yn Affrica, y Dwyrain Canol ac Asia ydy locustiaid, llyngyr daear a chwilod duon wedi'u ffrïo. Yn ôl archaeolegwyr, mae dynolryw wedi bod yn bwyta pryfed ers cyrraedd y blaned yn y lle cyntaf! Heddiw, mae bwyta pryfed yn ddanteithfwyd mewn llawer o wledydd. Yn nhref Oaxaca, ym Mecsico, maen nhw'n arbenigo mewn chapulins, sef criciaid wedi'u ffrïo gyda halen a lemon. Yng Ngwlad Tai, maen nhw'n mwynhau criciaid a cheiliogod rhedyn, larfa chwilod a gweision y neidr hyd yn oed! Mae pryfed yn isel mewn carbohydrad ond yn uchel mewn protein a braster.

byrbryd/oedd (g) – snack/s
poblogaidd – popular
llawer – several
gwlad/gwledydd (b) – country/countries
Dwyrain Canol – Middle East
Asia – Asia
locust/iaid (g) – locust/s
llyngyren/llyngyr daear (g) – tapeworm/s
chwilen/chwilod (b) – beetle/s
du/on – black
ffrïo – to fry
yn ôl – according to
archaeolegydd/archaeolegwyr (g) –
    archaeologist/s
dynolryw (b) – mankind
bwyta – to eat
pry/fed (g) – insect/s
ers – since
cyrraedd – to arrive
planed/au (b) – planet/s

yn y lle cyntaf – in the first place
danteithfwyd/ydd (g) – luxury dish/es
tref/i (b) – town/s
arbenigo – to specialise
sef – namely
criciedyn/criciaid (g) – cricket/s
halen (g) – salt
lemon/au (g) – lemon/s
Gwlad Tai – Thailand
mwynhau – to enjoy
ceiliog/od rhedyn (g) – grasshopper/s
larfa/larfaod (b/g) – larva/e
chwilen/chwilod (b) – beetle/s
gwas/gweision y neidr (g) – dragonfly/flies
hyd yn oed – even
isel – low
carbohydrad/au (g) – carbohydrate/s
uchel – high
protein/au (g) – protein/s
braster/au (g) – fat/s

FUFU

Maen nhw'n bwyta Fufu yn Ghana. Mae'n debyg i uwd. Mae'n cael ei wneud o rawn wedi'u tylino a'u berwi mewn dŵr, a'u cymysgu gyda'i gilydd nes bod y cyfan fel pâst trwchus. Mae Fufu'n cael ei fwyta gyda phopeth. Fel rheol, mae'n cael ei roi ar y bwrdd fel pelen fawr gron. Mae pobl yn rhwygo darnau bach o'r belen, eu rholio'n belenni crwn gyda'u bysedd a'u dipio mewn cawl neu stiw. Mae cig a physgod yn gallu bod yn brin mewn ardaloedd tlawd. Felly, mae'r stiw yn aml yn llawn o sbeisys cryf i ychwanegu at y blas.

bwyta – *to eat*
tebyg (i) – *similar (to)*
uwd (g) – *porridge*
gwneud – *to make*
grawn (ll) – *grain*
tylino – *to knead, to dough*
berwi – *to boil*
dŵr/dyfroedd (g) – *water/s*
cymysgu – *to mix*
gyda'i gilydd – *together*
nes – *until*
cyfan (g) – *whole*
pâst/pastau (g) – *paste/s*
trwchus – *thick*
popeth – *everything*
fel rheol – *usually*
rhoi – *to put*
bwrdd/byrddau (g) – *table/s*
pelen/ni (b) – *ball/s*
crwn – *round*
pobl/oedd (b) – *people*

rhwygo – *to tear*
darn/au (g) – *piece/s*
rholio – *to roll*
bys/edd (g) – *finger/s*
dipio – *to dip*
cawl/iau (g) – *soup/s*
stiw/iau (g) – *stew/s*
cig/oedd (g) – *meat/s*
pysgodyn/pysgod (g) – *fish*
gallu – *to be able*
prin – *scarce*
ardal/oedd (b) – *area/s*
tlawd – *poor*
felly – *therefore*
yn aml – *often*
llawn (o) – *full (of)*
sbeis/ys (g) – *spice/s*
cryf – *strong*
ychwanegu (at) – *to add (to)*
blas (g) – *taste*

Y CYMRY CYNTAF

GWYNFOR RICHARD EVANS

Gwynfor Evans (1912-2005) oedd Aelod Seneddol cyntaf Plaid Cymru. Cafodd ei eni yn y Barri. Dysgodd Gymraeg. Enillodd sedd gyntaf Plaid Cymru yn Senedd San Steffan mewn isetholiad yng Nghaerfyrddin yn 1966. Roedd yn berson dylanwadol iawn yn hanes Cymru. Ysgrifennodd lawer o bamffledi, erthyglau a llyfrau. Un o'i lyfrau ydy *Aros Mae*, sef llyfr ar hanes Cymru. Cafodd y llyfr ei gyfieithu i'r Saesneg dan y teitl *Land of My Fathers*. Roedd yn heddychwr mawr. Roedd hefyd yn amlwg iawn yn yr ymgyrch i sicrhau Sianel 4 Cymru (S4C). Roedd yn un o Gymry mwyaf enwog yr ugeinfed ganrif.

Aelod/au Seneddol (g) – *Member of Parliament*
cyntaf – *first*
Plaid Cymru – *The Party of Wales*
geni – *to be born*
Y Barri – *Barry*
dysgu – *to learn*
Cymraeg – *Welsh*
ennill – *to win*
sedd/au (b) – *seat/s*
Senedd San Steffan – *Westminster Parliament*
mewn – *in*
isetholiad/au (b/g) – *by-election/s*
Caerfyrddin – *Carmarthen*
person/au (g) – *person/s*
dylanwadol – *influential*
Hanes Cymru – *Welsh History*
ysgrifennu – *to write*

pamffled/i (g) – *pamphlet/s*
erthygl/au (b) – *article/s*
llyfr/au (g) – *book/s*
sef – *namely*
cyfieithu – *translate*
Saesneg – *English*
dan – *under*
teitl/au (g) – *title/s*
heddychwr/heddychwyr (g) – *pacifist/s*
amlwg – *evident*
ymgyrch/oedd (b/g) – *campaign/s*
sicrhau – *to ensure*
Sianel 4 Cymru – *S4C*
Cymro/Cymry (g) – *Welshman/Welshmen*
mwyaf – *most*
enwog – *famous*
ugeinfed – *twentieth*
canrif/oedd (b) – *century/centuries*

51

LEIGHTON REES

Ydych chi wedi clywed am Leighton Rees? Chwaraewr dartiau oedd e. Dyma ddeg o ffeithiau amdano:

- Geni: 1940

- Marw: 2003

- Pencampwr cyntaf dartiau proffesiynol y byd

- Dod o Ynys-y-bŵl, yn ymyl Pontypridd

- Troi'n chwaraewr proffesiynol yn 1976

- Aelod o dîm Cymru enillodd Gwpan y Byd, Ffederasiwn Dartiau'r Byd yn 1977

- Curo John Lowe o Loegr 11-7 yn 1978 i ddod yn bencampwr proffesiynol y byd yng Nghlwb Gwledig Lakeside yn Frimley Green yn swydd Surrey

- Cael siec am £3000 am ennill - swm bach iawn heddiw!!!

- Yn 1979 ysgrifennu llyfr am ei fywyd o'r enw On Darts.

- Person poblogaidd iawn

clywed (am) – to hear (about)
chwaraewr/chwaraewyr (g) – player/s
ffaith/ffeithiau (b) – fact/s
geni – to be born
marw – to die
pencampwr/pencampwyr (g) – champion/s
cyntaf – first
dart/iau (g) – dart/s
proffesiynol – professional
byd/oedd (g) – world/s
yn ymyl – near
troi – to turn
aelod/au (g) – member/s
tîm/timau (g) – team/s
Cymru – Wales
ennill – to win

Cwpan y Byd – World Cup
Ffederasiwn Dartiau'r Byd – World Darts Federation
curo – to beat
Lloegr – England
Clwb Gwledig Lakeside – Lakeside Country Club
swydd Surrey – The County of Surrey
siec/iau (b) – cheque/s
swm/symiau (g) – sum/s
heddiw – today
ysgrifennu – to write
llyfr/au (g) – book/s
person/au (g) – person/s
poblogaidd – popular

TORI JAMES

Tori James (1972 -) oedd y ferch gyntaf o Gymru i ddringo Mynydd Everest ym mis Mai 2007. Everest ydy'r mynydd uchaf yn y byd. Cafodd Tori ei geni a'i magu ar fferm yn Clarberston Road, yn ymyl Hwlffordd yn sir Benfro. Mae'n anturus iawn. Cyn concro Everest roedd wedi dringo Mynydd Kilimanjaro yn Tanzania a Chou Oyu yn Nepal. Yn 2005, hi oedd y ferch ieuengaf i orffen Her Polar Scott Dunn, sef ras galed o Ganada i Begwn Magnetig y Gogledd. Roedd rhaid iddi hi wynebu eirth y Gogledd a thywydd oer ofnadwy yn ystod y ras.

Llun: www.torijames.com

cyntaf – *first*	cyn – *before*
Cymru – *Wales*	concro – *to conquer*
dringo – *to climb*	ieuengaf – *youngest*
mynydd/oedd (g) – *mountain/s*	gorffen – *to finish*
mis/oedd (g) – *month/s*	ras/ys (b) – *race/s*
Mai – *May*	caled – *tough*
uchaf – *highest*	Pegwn Magnetig y Gogledd – *North*
byd/oedd (g) – *world/s*	*Magnetic Pole*
geni – *to be born*	wynebu – *to face*
magu – *to be brought up*	arth/eirth (b) – *bear/s*
fferm/ydd (b) – *farm/s*	tywydd (g) – *weather*
yn ymyl – *near*	oer – *cold*
Hwlffordd – *Haverfordwest*	ofnadwy – *terrible*
sir Benfro – *Pembrokeshire*	yn ystod – *during*
anturus – *adventurous*	

MERERID HOPWOOD

Mererid Hopwood (1964 -) ydy'r ferch gyntaf i ennill y Gadair, y Goron a'r Fedal Ryddiaith yn Eisteddfod Genedlaethol Cymru. Enillodd y Gadair am gyfansoddi awdl yn Ninbych yn 2001, y Goron am bryddest ym Meifod yn 2003 a'r Fedal Ryddiaith am nofel yng Nghaerdydd yn 2008.

Dyma holi Mererid:

O ble rydych chi'n dod yn wreiddiol?
Caerdydd.

Ond ble mae gwreiddiau'r teulu?
Sir Benfro.

I ba goleg aethoch chi?
Prifysgol Aberystwyth.

Beth oeddech chi'n astudio?
Sbaeneg ac Almaeneg.

Beth wedyn?
Gwneud doethuriaeth mewn Almaeneg ym Mhrifysgol Llundain.

Ble rydych chi'n byw?
Caerfyrddin.

A'ch gwaith?
Addysgu, darlithio a darlledu.

cyntaf – *first*
ennill – *to win*
Y Gadair – *The Chair*
cyfansoddi – *to compose*
awdl/au (b) – *ode/s*
Y Goron – *The Crown*
Medal Ryddiaith – *Prose Medal*
Dinbych – *Denbigh*
Caerdydd – *Cardiff*
pryddest/au (b) – *long poem/s in free metre*
nofel/au (b) – *novel/s*
holi – *to ask, enquire*
dod – *to come*
gwreiddyn/gwreiddiau (g) – *root/s*

teulu/oedd (g) – *family/families*
sir Benfro – *Pembrokeshire*
prifysgol/ion (b) – *university/universities*
astudio – *to study*
Sbaeneg – *Spanish*
Almaeneg – *German*
doethuriaeth/au (b) – *doctorate/s*
Llundain – *London*
byw – *to live*
Caerfyrddin – *Carmarthen*
ysgrifennu – *to write*
darlithio – *to lecture*
darlledu – *to broadcast*

PRYCE PRYCE-JONES

Syr Pryce Pryce-Jones (1834-1920) oedd y person cyntaf i ddechrau busnes gwerthu drwy'r post. Cafodd ei eni yn Llanllwchaearn, y Drenewydd, ym Mhowys. Agorodd siop fach yn gwerthu brethyn yn y Drenewydd. Dechreuodd anfon pamffledi at bobl gyda manylion am ei nwyddau. Ar ôl i'r bobl ddewis eu nwyddau, roedd yn eu hanfon atyn nhw drwy'r post neu ar y trên. Cododd warws newydd yn y Drenewydd yn 1879. Daeth yn ddyn busnes llewyrchus iawn, gyda llawer iawn o gwsmeriaid. Un ohonyn nhw oedd y Frenhines Victoria. Un arall oedd Florence Nightingale. Arhosodd y cwmni yn y teulu tan 1938.

person/au (g) – *person/s*
cyntaf – *first*
dechrau – *to start*
busnes/au (g) – *business/es*
post (g) – *post*
geni – *to be born*
Y Drenewydd – *Newtown*
agor – *to open*
siop/au (b) – *shop/s*
gwerthu – *to sell*
brethyn/nau (g) – *cloth/s*
dechrau – *to start*
anfon (at) – *to send (to)*
pamffled/i (g) – *pamphlet/s*
manylion (ll) – *details*
dewis – *to choose*

nwydd/au (g) – *material/s*
trên/trenau (g) – *train/s*
warws/warysau (b/g) – *warehouse/s*
newydd – *new*
dod – *to become*
llewyrchus – *prosperous*
llawer – *many*
cwsmer/iaid (g) – *customer/s*
brenhines/breninesau (b) – *queen/s*
Fictoria – *Victoria*
arall/eraill – *other/s*
aros – *to stay*
cwmni/cwmnïau (g) – *company/companies*
teulu/oedd (g) – *family/families*
tan – *until*

ERNEST THOMPSON WILLOWS

Awyrennwr pwysig iawn oedd Ernest Thompson Willows (1886-1926). Cafodd ei eni yng Nghaerdydd yn 1896 yn fab i ddeintydd cyfoethog. Pan oedd yn 18 oed dechreuodd ddatblygu ei long awyr ei hun. Datblygodd long awyr gyda dau bropelor. Roedd y propelorau'n helpu i gyfeirio a llywio'r llong awyr yn gywir. A'i gamp? Wel, Willows oedd y dyn cyntaf i groesi'r Sianel o Lundain i Baris mewn llong awyr. Wnaeth e ddim llawer iawn o arian, ond agorodd ffatri balwnau yn East Moors a Stryd Westgate, Caerdydd. Yn anffodus, buodd farw'n ifanc ar ôl damwain pan oedd yn balwnio yn Bedford.

awyrennwr/awyrenwyr (g) – aviator/s
pwysig – important
geni – to be born
Caerdydd – Cardiff
mab/meibion (g) – son/s
deintydd/ion (g) – dentist/s
cyfoethog – rich
pan – when
dechrau – to begin
datblygu – to develop
llong/au awyr (b) – airship/s
ei hun – his own
propelor/au (g) – propeller/s
helpu – to help
cyfeirio – to direct
llywio – to steer
cywir – correct
camp/au (b) – feat/s

cyntaf – first
Y Sianel – The English Channel
Llundain – London
gwneud – to make
llawer – lot
arian (g) – money
agor – to open
ffatri/ffatrïoedd (b) – factory/factories
balŵn/balwnau (b/g) – balloon/s
Stryd Westgate – Westgate Street
yn anffodus – unfortunately
marw – to die
ifanc – young
ar ôl – after
damwain/damweiniau (b) – accident/s
pan – when
balwnio – to balloon

MORIEN BEDFORD MORGAN

Mae Syr Morien Bedford Morgan (1912-1978) yn cael ei adnabod fel 'tad Concorde'. Peiriannydd awyrennol pwysig iawn oedd e. Cafodd ei eni ym Mhen-y-bont ar Ogwr. Fe oedd cyfarwyddwr y rhaglen ymchwil a arweiniodd at ddatblygu Concorde – awyren uwchsonig gyntaf y byd i deithwyr, a'r unig un hefyd. Dechreuodd gwasanaeth Concorde i deithwyr yn 1976. Parhaodd Concorde mewn gwasanaeth am 27 o flynyddoedd tan 24 Hydref 2003. Syr Morien oedd y Cymro cyntaf i fod yn Llywydd y Gymdeithas Awyrennol Frenhinol. Mae plac er cof am Syr Morien yng Nghanolfan Siopa Rhiwfawr, Pen-y-bont, lle roedd ei gartref ar un adeg.

adnabod – *to know*
tad/au (g) – *father/s*
peiriannydd/peirianwyr
awyrennol (g) – *aeronautics engineer/s*
pwysig – *important*
geni – *to be born*
Pen-y-bont ar Ogwr – *Bridgend*
cyfarwyddwr/cyfarwyddwyr (g) – *director/s*
rhaglen/ni ymchwil (b) – *research
    programme/s*
arwain (at) – *to lead (to)*
datblygu – *to develop*
awyren/nau (b) – *aeroplane/s*
uwchsonig – *supersonic*
cyntaf – *first*
byd/oedd (g) – *world/s*
teithiwr/teithwyr (g) – *passenger/s*
unig – *only*

hefyd – *also*
dechrau – *to begin*
gwasanaeth/au (g) – *service/s*
parhau – *to continue*
blwyddyn/blynyddoedd (b) – *year/s*
tan – *until*
Hydref – *October*
Cymro/Cymry (g) – *Welshman/Welshmen*
llywydd/ion (g) – *president/s*
Y Gymdeithas Awyrennol Frenhinol – *The
    Royal Aeronautical Society*
plac/iau (g) – *plaque/s*
er cof (am) – *in memory (of)*
canolfan/nau (b) – *centre/s*
siopa – *shopping*
cartref/i (g) – *home/s*
ar un adeg – *at one time*

Llun: ⓗ Hedley England ©

ROBERT RECORDE

Ydych chi'n dda iawn mewn mathemateg? Gwrandewch ar hwn. 'Mae lluosi dau gyda thri yn hafal i chwech'. Beth am roi hwn mewn rhifau a symbolau? Ydych chi'n barod? Wel, dyma'r ateb: *3 x 2 = 6*. Cymro o'r enw Robert Recorde (c.1510-1558) a ddyfeisiodd y symbol '=' tua'r flwyddyn 1550. Roedd e'n dod o Ddinbych-y-pysgod yn sir Benfro. Buodd yn y coleg yn Rhydychen a Chaergrawnt, yn feddyg i'r Brenin Edward IV a'r Frenhines Mary ac yn rheolwr y Bathdy Brenhinol. Ond diwedd trist oedd i fywyd Recorde. Aeth i ddyled a buodd farw yn y carchar yn Southwark.

da – *good*
mathemateg *(b)* – *mathematics*
gwrando (ar) – *listen (to)*
hwn – *this*
lluosi – *to multiply*
hafal i – *equal to*
beth am..? – *what about..?*
rhoi – *to put*
mewn – *in*
rhif/au (g) – *number/s*
symbol/au (g) – *symbol/s*
parod – *ready*
ateb/ion (g) – *answer/s*
Cymro/Cymry (g) – *Welshman/Welshmen*
o'r enw – *called*
dyfeisio – *to devise*
tua(g) – *about*
blwyddyn/blynyddoedd (b) – *year/s*

dod – *to come*
Dinbych-y-pysgod – *Tenby*
sir Benfro – *Pembrokeshire*
coleg/au (g) – *college/s*
Rhydychen – *Oxford*
Caergrawnt – *Cambridge*
meddyg/on (g) – *doctor/s*
brenin/brenhinoedd (g) – *king/s*
brenhines/breninesau (b) – *queen/s*
rheolwr/rheolwyr (g) – *manager/s*
Y Bathdy Brenhinol – *The Royal Mint*
diwedd (g) – *end*
trist – *sad*
mynd – *to go*
dyled/ion (b) – *debt/s*
marw – *to die*
carchar/dai (g) – *prison/s*

JOHN EDWARD PARRIS

Cafodd Eddie Parris (1911-1971) ei eni ym Mhwllmeurig, yn ymyl Cas-gwent yn sir Fynwy. Daeth ei rieni i Gymru o Jamaica. Fe oedd y chwaraewr pêl-droed croenddu cyntaf i chwarae pêl-droed dros Gymru - bron i hanner can mlynedd cyn i chwaraewr croenddu o Loegr ennill cap dros ei wlad. Chwaraeodd ei unig gêm dros Gymru yn erbyn gogledd Iwerddon ym Melffast ym mis Rhagfyr 1931. Chwaraeodd Parris dros Bradford Park Avenue, AFC Bournemouth, Luton Town, Bath City, Northampton Town a Cheltenham Town. Buodd farw yn Sedbury yn swydd Gaerloyw. Roedd yn asgellwr chwith cyflym iawn. Sgoriodd lawer o goliau.

geni – *to be born*
yn ymyl – *near*
Cas-gwent – *Chepstow*
sir Fynwy – *Monmouthshire*
dod – *to come*
rhieni (ll) – *parents*
Cymru – *Wales*
chwaraewr/chwaraewyr (g) – *player/s*
pêl-droed (b) – *soccer*
croenddu – *black-skinned*
cyntaf – *first*
chwarae (dros) – *to play (for)*
bron – *almost*
hanner can mlynedd – *fifty years*
cyn – *before*
Lloegr – *England*

cap/iau (g) – *cap/s*
gwlad/gwledydd (b) – *country/countries*
unig – *only*
gêm/gemau (b) – *game/s*
Gogledd Iwerddon – *Northern Ireland*
mis/oedd (g) – *month/s*
Rhagfyr – *December*
marw – *to die*
swydd Gaerloyw – *Gloucestershire*
asgellwr/asgellwyr (g) – *winger/s*
chwith – *left*
cyflym – *quick*
sgorio – *to score*
llawer – *lot*
gôl/goliau (b) – *goal/s*

MARK J WILLIAMS

Mark J Williams (1975-) oedd y Cymro cyntaf i wneud brêc o 147 yn Theatr y Crucible, Sheffield yn ystod Pencampwriaeth Snwcer y Byd. Dyma'r brêc uchaf posibl. Mae Mark yn dod o Gwm, Glynebwy. Roedd yn chwarae yn erbyn Robert Milkins yn rownd gyntaf Pencampwriaeth y Byd. Enillodd Mark 10-1 a daeth y brêc yn y ffrâm olaf ym mis Ebrill 2005. Potiodd 15 pêl goch ac 15 pêl ddu ac yna'r lliwiau i gyd mewn naw munud! Enillodd Mark Bencampwriaeth Snwcer y Byd yn 2000 a 2003. Fe ydy'r chwaraewr llaw chwith cyntaf i ennill y Bencampwriaeth.

Cymro/Cymry (g) – *Welshman/Welshmen*
cyntaf – *first*
gwneud – *to make*
brêc/breciau (b/g) – *break/s*
theatr/au (b) – *theatre/s*
yn ystod – *during*
Pencampwriaeth y Byd – *World Championship*
uchaf – *highest*
posibl – *possible*
snwcer (g) – *snooker*
dod – *to come*
Glynebwy – *Ebbw Vale*
chwarae – *to play*
yn erbyn – *against*
rownd/iau (b) – *round/s*
ennill – *to win*
ffrâm/ffram/iau (b) – *frame/s*
olaf – *last*
mis/oedd (g) – *month/s*
Ebrill – *April*
potio – *to pot*
yna – *then*
lliw/iau (g) – *colour/s*
i gyd – *all*
mewn – *in*
munud/au (b/g) – *minute/s*
chwaraewr/chwaraewyr (g) – *player/s*
llaw chwith – *left-handed*

TRYCHINEBAU

TRYCHINEB CHERNOBYL

Dafydd Gwyn, gohebydd S4C, yn olrhain yr hanes:

66 Trychineb Chernobyl ar 26 Ebrill 1986 oedd y drychineb niwclear waethaf mewn hanes. Ffrwydrodd un o adweithyddion yr orsaf niwclear yn yr Wcráin yn yr hen Undeb Sofietaidd a rhyddhau llawer o ymbelydredd gwenwynig i'r amgylchedd. Collodd miloedd eu bywydau. Mae pobl yn dal i ddioddef yn y gwledydd agosaf at yr atomfa, fel yr Wcráin a Belarws. Cyrhaeddodd yr ymbelydredd mor bell â Chymru gyda'r gwynt. Aeth i'r tir, ac achos bod y defaid yn pori ar y tir ymbelydrol, cafodd ffermwyr defaid eu gwahardd rhag symud a gwerthu eu hanifeiliaid. 99

olrhain – *to trace*
trychineb/au (b/g) – *disaster/s*
hanes/ion (g) – *history/histories*
niwclear – *nuclear*
gwaethaf – *worst*
ffrwydro – *to explode*
adweithydd/ion (g) – *reactor/s*
gorsaf/oedd (b) – *station/s*
Yr Wcráin – *Ukraine*
hen – *old*
Undeb Sofietaidd – *Soviet Union*
rhyddhau – *to free*
llawer – *lot*
ymbelydredd (g) – *radioactivity*
gwenwynig – *poisonous*
amgylchedd/au (g) – *environment/s*
colli – *to lose*
mil/oedd (b) – *thousand/s*
bywyd/au (g) – *life/lives*

dal – *still*
dioddef – *to suffer*
gwlad/gwledydd (b) – *country/countries*
agosaf (at) – *nearest (to)*
atomfa/atomfeydd (b) – *atomic power station/s*
cyrraedd – *to reach*
mor bell â/ag – *as far as*
gwynt/oedd (g) – *wind/s*
tir/oedd (g) – *land/s*
dafad/defaid (b) – *sheep*
pori – *to graze*
ymbelydrol – *radioactive*
ffermwr/ffermwyr (g) – *farmer/s*
gwahardd (rhag) – *to prohibit (from)*
symud – *to move*
gwerthu – *to sell*
anifail/anifeiliaid (g) – *animal/s*

TRYCHINEB AWYR LLANDŴ

South Wales Echo – 13 Mawrth 1950

Roedd trychineb awyr ofnadwy yn Llandŵ ddoe. Roedd awyren o'r enw *The Star Girl* yn hedfan o Ddulyn yn Iwerddon i faes awyr Llandŵ, ym Mro Morgannwg. Roedd 78 o deithwyr a 5 criw arni. Yn anffodus, daeth i lawr yn ymyl pentref Tresigin. Cafodd 80 eu lladd – 75 o deithwyr a'r criw i gyd. Yn ôl un o'r llygad-dystion, roedd hi'n olygfa erllych. Roedd y teithwyr wedi bod yn gweld Cymru'n chwarae rygbi yn erbyn Iwerddon ym Melffast. Cafodd rhai aelodau o Glybiau Rygbi Aber-carn a Llanharan eu lladd yn y ddamwain hon.

trychineb/au (b/g) awyr – *air disaster/s*
ofnadwy – *terrible*
Llandŵ – *Llandow*
awyren/nau (b) – *aeroplane/s*
o'r enw – *called*
hedfan – *to fly*
Dulyn – *Dublin*
Iwerddon – *Ireland*
maes/meysydd awyr (g) – *airport/s*
Bro Morgannwg – *Vale of Glamorgan*
teithiwr/teithwyr (g) – *traveller/s*
criw/iau (g) – *crew/s*
yn anffodus – *unfortunately*
dod i lawr – *to come down*
yn ymyl – *near*

pentref/i (g) – *village/s*
Tresigin – *Sigingstone*
lladd – *to kill*
i gyd – *all*
yn ôl – *according to*
llygad-dyst/ion (g) – *eyewitness/es*
golygfa/golygfeydd (b) – *sight/s*
erchyll – *terrible*
gweld – *to see*
Cymru – *Wales*
chwarae – *to play*
yn erbyn – *against*
rhai – *some*
aelod/au (g) – *member/s*
damwain/damweiniau (b) – *accident/s*

TRYCHINEB HIROSHIMA A NAGASAKI

Dim ond dau arf niwclear sydd wedi cael eu defnyddio mewn rhyfel erioed, a hynny gan yr Unol Daleithiau, tua diwedd yr Ail Ryfel Byd. Cafodd bom atomig ei ollwng ar ddinas Hiroshima yn Siapan ar 6 Awst 1945. Dri diwrnod wedyn, cafodd bom arall ei ollwng ar ddinas Nagasaki. Cafodd y ddwy ddinas eu dinistrio a dros 200,000 o bobl eu lladd. Ers hynny, mae miloedd o bobl eraill hefyd wedi marw achos effeithiau ymbelydredd. Yn Hiroshima mae fflam heddwch yn llosgi, a bydd yn aros ynghynn nes cael gwared ar bob taflegryn niwclear oddi ar wyneb ein planed.

trychineb/au (b/g) – *disaster/s*
dim ond – *only*
arf/au (b/g) – *weapon/s*
niwclear – *nuclear*
defnyddio – *to use*
rhyfel/oedd (g) – *war/s*
erioed – *ever*
Yr Unol Daleithiau – *The United States*
tua/g – *towards*
diwedd (g) – *end*
Yr Ail Ryfel Byd – *The Second World War*
bom/iau (b/g) atomig – *atomic bomb/s*
gollwng – *to release*
dinas/oedd (b) – *city/cities*
Siapan – *Japan*
Awst – *August*
diwrnod/au (g) – *day/s*
wedyn – *afterwards*
arall/eraill – *other/s*
dinistrio – *to ruin*

dros – *over*
lladd – *to kill*
pobl/oedd (b) – *people/s*
ers hynny – *since then*
mil/oedd (b) – *thousand/s*
marw – *to die*
effaith/effeithiau (b) – *effect/s*
ymbelydredd (g) – *radioactivity*
fflam/au (b) – *flame/s*
heddwch (g) – *peace*
llosgi – *to burn*
aros – *to stay*
ynghynn – *alight*
nes – *until*
cael gwared ar – *to get rid of*
pob – *every*
taflegryn/taflegrau (g) – *missile/s*
oddi ar – *from*
wyneb/au (g) – *face/s*
planed/au (b) – *planet/s*

TRYCHINEB Y *SEA EMPRESS*

Ar 15 Chwefror 1996, aeth tancer olew o'r enw *Sea Empress* i drafferth ar arfordir sir Benfro. Tarodd y tancer greigiau wrth iddo deithio i mewn i aber yr Afon Cleddau. Gollyngodd dunelli a thunelli o olew crai i'r môr. Y gollyngiad olew yma oedd un o'r deg gwaethaf yn y byd y pryd hwnnw. Ar ôl saith diwrnod, cafodd y llong ei chludo'n ddiogel i borthladd Aberdaugleddau. Cafodd dros 120 milltir o arfordir ei lygru a miloedd ar filoedd o adar eu lladd. Gwaith caled iawn oedd ymdrin â'r difrod ac agor y traethau i ymwelwyr erbyn Y Pasg.

trychineb/au (b/g) – *disaster/s*
tancer/i (b/g) olew – *oil tanker/s*
o'r enw – *called*
mynd i drafferth – *to get into trouble*
arfordir/oedd (g) – *coast/s*
sir Benfro – *Pembrokeshire*
taro – *to hit*
craig/creigiau (b) – *rock/s*
teithio – *to travel*
i mewn i – *into*
aber/oedd (g/b) – *estuary/estuaries*
Afon Cleddau – *The River Cleddau*
gollwng – *to spill*
tunnell/tunelli (b) – *ton/s*
olew crai (g) – *crude oil*
gollyngiad (g) – *spill*
gwaethaf – *worst*
byd/oedd (g) – *world/s*
y pryd hwnnw – *at that time*
ar ôl – *after*
diwrnod/au (g) – *day/s*

llong/au (b) – *ship/s*
cludo – *to transport*
diogel – *safely*
porthladd/oedd (g) – *harbour/s*
Aberdaugleddau – *Milford Haven*
dros – *over*
milltir/oedd (b) – *mile/s*
llygru – *to pollute*
mil/oedd (b) – *thousand/s*
aderyn/adar (g) – *bird/s*
lladd – *to kill*
gwaith/gweithiau (g) – *work/s*
caled – *hard*
ymdrin â/ag – *to deal with*
difrod/au (g) – *damage/s*
agor – *to open*
traeth/au (g) – *beach/es*
ymwelydd/ymwelwyr (g) – *visitor/s*
erbyn – *by*
Y Pasg – *Easter*

TRYCHINEB CANOLFAN MASNACH Y BYD, DINAS EFROG NEWYDD

Roedd Canolfan Masnach y Byd yn Ninas Efrog Newydd. Roedd saith adeilad yma ond y rhai mwyaf enwog oedd y Ddau Dŵr. Roedd 110 o loriau yn y tyrau. Ar 11 Medi 2001, cafodd dwy awyren eu hedfan yn fwriadol i mewn i'r ddau dŵr. Terfysgwyr oedd yn gyfrifol am hyn. Cwympodd y ddau dŵr. Cafodd yr adeiladau eraill eu dinistrio'n llwyr. Cafodd tair mil o bobl eu lladd. Mae pawb ar draws y byd yn cofio am y bobl yma yn Efrog Newydd a Washington, ar 11 Medi. Ground Zero, lle roedd y tyrau'n sefyll ydy canolbwynt y coffâd.

trychineb/au (b/g) – *disaster/s*	terfysgwr/terfysgwyr (g) – *terrorist/s*
canolfan/nau (b) – *centre/s*	cyfrifol am – *responsible for*
masnach/au (b) – *trade/s*	hyn – *this*
byd/oedd (g) – *world/s*	cwympo – *to fall*
Dinas Efrog Newydd – *New York City*	dinistrio – *to destroy*
adeilad/au (g) – *building/s*	mil/oedd (b) – *thousand/s*
mwyaf – *most*	lladd – *to kill*
enwog – *famous*	pawb – *everyone*
tŵr/tyrau (g) – *tower/s*	ar draws – *across*
llawr/lloriau (g) – *floor/s*	cofio – *to remember*
awyren/nau (b) – *aeroplane/s*	Medi – *September*
hedfan – *to fly*	sefyll – *to stand*
bwriadol – *intentionally*	canolbwynt/iau (g) – *centre point/s*
i mewn i – *into*	coffâd (g) – *remembrance*

TRYCHINEB TSWNAMI CEFNFOR YR INDIA

Ton neu donnau anferth ydy Tswnami. Fel arfer, mae Tswnami yn cael ei achosi ar ôl daeargryn neu ffrwydrad llosgfynydd ar waelod y môr, neu ar ôl i feteor ddisgyn i'r môr. Roedd Tswnami anferth yng Nghefnfor yr India ar ôl daeargryn ar 26 Rhagfyr 2004. Cafodd miloedd ar filoedd o bobl eu lladd a'u hanafu. Collodd llawer iawn o bobl eu heiddo i gyd. Cododd llawer o elusennau a phobl drwy'r byd arian i'w helpu. Dydy hi ddim yn bosibl atal Tswnami. Fodd bynnag, mae systemau monitro ar gael yn awr i rybuddio pobl fod Tswnami ar y ffordd.

trychineb/au (b/g) – *disaster/s*
tswnami/tswnamïau (b) – *tsunami/s*
Cefnfor yr India – *Indian Ocean*
ton/nau(b) – *wave/s*
anferth – *huge*
fel arfer – *usually*
achosi – *to cause*
ar ôl – *after*
daeargryn/fëydd (b/g) – *earthquake/s*
ffrwydrad/au (g) – *explosion/s*
llosgfynydd/oedd (g) – *volcano/es*
ar waelod – *at the bottom*
môr/moroedd (g) – *sea/s*
neu – *or*
meteor/au (g) – *meteor/s*
disgyn – *to fall*
mil/oedd (b) – *thousand/s*
pobl/oedd (b) – *people/s*
lladd – *to kill*

anafu – *to injure*
colli – *to lose*
llawer – *many*
iawn – *very*
eiddo (g) – *property*
i gyd – *all*
codi – *to raise*
elusen/nau (b) – *charity/charities*
drwy – *through*
byd/oedd (g) – *world/s*
arian (g) – *money*
helpu – *to help*
atal – *to prevent*
fodd bynnag – *however*
system/au (b) – *system/s*
monitro – *to monitor*
rhybuddio – *to warn*
ar y ffordd – *on the way*

TRYCHINEB ABER-FAN

Pentref bach ger Merthyr Tudful ydy Aber-fan. Yno, am 9.15 y bore, ar ddydd Gwener, 21 Hydref 1966 buodd trychineb ofnadwy. Llithrodd tomen lo a chladdu rhan o'r pentref lle roedd Ysgol Iau Pantglas. Cafodd 144 o bobl, yn cynnwys 116 o blant eu lladd. Roedd y plant, oedd rhwng saith a deg oed gan mwyaf, newydd ddychwelyd i'w hystafelloedd dosbarth o'r neuadd ar ôl canu 'All things bright and beautiful,' yn y gwasanaeth. Buodd pump o'r athrawon farw hefyd. Y Bwrdd Glo Gwladol oedd ar fai am y drychineb. Doedd e ddim wedi ceisio gwneud y domen lo'n ddiogel.

trychineb/au (b/g) – *disaster/s*
pentref/i (g) – *village/s*
bach – *small*
ger – *near*
Merthyr Tudful – *Merthyr Tydfil*
yno – *there*
bore/au (g) – *morning/s*
Hydref – *October*
ofnadwy – *terrible*
llithro – *to slide*
tomen/nydd (b) – *tip/s*
glo (g) – *coal*
claddu – *to bury*
rhan/nau (b) – *part/s*
Ysgol Iau Pantglas – *Pantglas Junior School*
pobl/oedd (g) – *people*
plentyn/plant (g) – *child/ren*
lladd – *to kill*

rhwng – *between*
gan mwyaf – *mostly*
newydd ddychwelyd – *just returned*
ystafell ddosbarth (b) / ystafelloedd dosbarth – *classroom/s*
neuadd/au (b) – *hall/s*
ar ôl – *after*
canu – *to sing*
gwasanaeth/au (g) – *assembly/ies*
athro(g), athrawes(b) / athrawon – *teacher/s*
hefyd – *also*
Y Bwrdd Glo Gwladol – *The National Coal Board*
ar fai – *at fault*
ceisio – *to try*
diogel – *safe*

TRYCHINEB *COLUMBIA*

Gwennol ofod oedd *Columbia*. Ffrwydrodd *Columbia* pan oedd yn dychwelyd i atmosffer y ddaear ar 1 Chwefror 2003. Cafodd saith gofodwr eu lladd – pump o'r Unol Daleithiau, un o'r India a'r llall o Israel. Roedd y wennol ofod yn mynd i lanio yn Cape Canaveral yn Fflorida ond ffrwydrodd 16 munud cyn hynny. Yn ôl swyddogion Canolfan Reoli Nasa yn Tecsas, roedd un o'r teils arbennig oedd yn amddiffyn y wennol rhag y gwres wedi methu. Roedd wedi cwympo i ffwrdd pan adawodd *Columbia* y ddaear. Cafodd gweddillion y wennol ofod eu gwasgaru dros rannau o dalaith Tecsas a Louisiana.

trychineb/au (b/g) – *disaster/s*
gwennol ofod/gwenoliaid gofod (b) – *space shuttle/s*
ffrwydro – *to explode*
dychwelyd – *to return*
atmosffer/au (g) – *atmosphere/s*
daear/oedd (b) – *earth/s*
gofodwr/gofodwyr (g) – *astronaut/s*
lladd – *to kill*
Yr Unol Daleithiau – *The United States*
Yr India – *India*
llall/lleill – *other/s*
mynd – *to go*
glanio – *to land*
Fflorida – *Florida*
munud/au (b/g) – *minute/s*
cyn hynny – *before then*
yn ôl – *according to*

swyddog/ion (g) – *officer/s*
canolfan reoli/canolfannau rheoli (b) – *control centre/s*
teilsen/teils (b) – *tile/s*
arbennig – *special*
amddiffyn (rhag) – *to defend (from)*
gwres (g) – *heat*
methu – *to fail*
cwympo – *to fall*
i ffwrdd – *away*
gadael – *to leave*
gweddillion (g) – *debris*
gwasgaru – *to scatter*
dros – *over*
rhan/nau (b) – *part/s*
talaith/taleithiau (b) – *state/s*
Tecsas – *Texas*

TRYCHINEB ETHIOPIA A'R SUDAN

Prinder bwyd ar raddfa eang ydy newyn. Mae effeithiau newyn wedi lladd llawer iawn o bobl dros y canrifoedd. Roedd newyn ofnadwy yn Ethiopia a'r Swdan yn Affrica rhwng 1983 a 1985. Roedd y cynhaeaf wedi methu a'r gwledydd a'u pobl yn dioddef yn ofnadwy. Roedd lluniau o effeithiau'r newyn ar y teledu wedi siglo'r byd i gyd. Aeth elusennau a phobl ar draws y byd ati i godi arian i helpu'r trueiniaid. Yng Nghymru, daeth nifer mawr o gantorion at ei gilydd i recordio cân, sef 'Dwylo Dros y Môr' gan Huw Chiswell, gyda'r elw'n mynd i leddfu'r newyn.

trychineb/au (b/g) – disaster/s	teledu (g) – television
prinder (g) – scarcity	siglo – shake
bwyd/ydd (g) – food/s	byd/oedd (g) – world/s
graddfa/graddfeydd (b) – scale/s	i gyd – all
eang – wide	mynd ati – to go about
effaith/effeithiau (b) – effect/s	elusen/nau (b) – charity/charities
newyn (g) – famine	ar draws – across
lladd – to kill	codi – to raise
llawer – many	arian (g) – money
pobl/oedd (b) – people/s	helpu – to help
dros – over	truan/trueiniaid (g) – wretch/es
canrif/oedd (b) – century/centuries	Cymru – Wales
ofnadwy – terrible	nifer/oedd (b/g) – number/s
Y Swdan – Sudan	canwr/cantorion (g) – singer/s
Affrica – Africa	dod at ei gilydd – to come together
rhwng – between	recordio – to record
cynhaeaf/cynaeafau (g) – harvest/s	cân/caneuon (b) – song/s
methu – to fail	sef – namely
gwlad/gwledydd (b) – country/countries	Dwylo Dros y Môr – Hands Across the Sea
dioddef – to suffer	elw (g) – profit
llun/iau (g) – photograph/s	lleddfu – to abate

TRYCHINEB GRESFFORDD

Pentref ydy Gresffordd yn ymyl Wrecsam. Tua dau o'r gloch y bore ar 22 Medi 1934 roedd ffrwydrad a thân mawr ym mhwll glo Gresffordd. Dyma oedd damwain waethaf y diwydiant glo yng Nghymru ers ffrwydrad Senghennydd, yn ymyl Caerffili, yn 1913. Dim ond ychydig o'r glöwyr ddaeth o'r pwll yn fyw. Roedd y tân a'r nwy gwenwynig yn achosi trafferth i'r timau achub. Collodd 266 o ddynion eu bywydau yn y ffrwydrad. Cafodd y pwll ei selio gyda'r cyrff ynddo achos ei fod mor beryglus. Yn 1982, cafodd cofeb i drychineb pwll glo Gresffordd ei chodi yn y pentref.

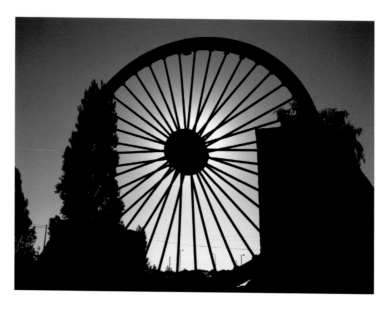

trychineb/au (b/g) — *disaster/s*
pentref/i (g) — *village/s*
Gresffordd — *Gresford*
yn ymyl — *near*
tua(g) — *about*
bore/au (g) — *morning/s*
ffrwydrad/au (g) — *explosion/s*
tân/tanau (g) — *fire/s*
pwll/pyllau glo (g) — *coal mine/s*
damwain/damweiniau (b) — *accident/s*
gwaethaf — *worst*
diwydiant/diwydiannau
glo (g) — *coal industry/industries*
ers — *since*
dim ond — *only*
ychydig — *few*
glöwr/glöwyr (g) — *coal miner/s*

dod — *to come*
pwll/pyllau (g) — *mine*
nwy/on (g) — *gas/es*
gwenwynig — *poisonous*
achosi — *to cause*
trafferth/ion (b) — *difficulty/difficulties*
tîm/timau (g) — *team/s*
achub — *to save*
colli — *to lose*
dyn/ion (g) — *man/men*
bywyd/au (g) — *life/lives*
selio — *to seal*
corff/cyrff (g) — *body/bodies*
peryglus — *dangerous*
cofeb/ion (b) — *memorial/s*
codi — *to raise*

CANOLFANNAU CHWARAEON

MONACO

Hoffwn i fynd i Fonaco.

Pam?

I weld Grand Prix Monaco – un o'r rasys ceir mwyaf pwysig yn y byd. Rwy'n dwlu ar rasys ceir.

Sut ras ydy hi?

Ras Fformiwla Un. Dechreuodd yn 1929. Bob blwyddyn, mae strydoedd Monaco, yn cynnwys Monte Carlo a La Condamine, yn cael eu troi'n trac rasio ar gyfer y Grand Prix. Mae'n ras unigryw a lliwgar.

Ac anodd hefyd?

Ydy, yn anodd iawn. Mae gyrwyr yn mynd o gwmpas y bachdroeon yn gyflym iawn. Yn ôl pob tebyg, dyma'r trac Grand Prix mwyaf anodd a heriol. Mae betio trwm ar y ras hefyd!

ras/ys (b) – *race/s*
car/ceir (g) – *car/s*
pwysig – *important*
byd/oedd (g) – *world/s*
dwlu ar – *mad about*
dechrau – *to begin*
blwyddyn/blynyddoedd (b) – *year/s*
stryd/oedd (b) – *street/s*
yn cynnwys – *including*
troi – *to turn*
trac/iau (g) – *track/s*
rasio – *to race*

ar gyfer – *for*
unigryw – *unique*
lliwgar – *colourful*
anodd – *difficult*
gyrrwr/gyrwyr (g) – *driver/s*
o gwmpas – *around*
bachdro/eon (g) – *hairpin bend/s*
cyflym – *quickly*
yn ôl pob tebyg – *in all probability*
heriol – *challenging*
betio – *to bet*
trwm – *heavy*

LORD'S

Oddi wrth: Phil	
At: Rob	
Pwnc: Lord's	

Dyma'r wybodaeth:-

Mae Maes Criced Lord's heddiw yn St John's Wood, yn Llundain, ond buodd y maes ar ddau safle gwahanol cyn 1814. Thomas Lord oedd y sefydlydd. Clwb Criced Marylebone (MCC) ydy perchennog Lord's a nhw sy wedi gosod rheolau criced modern. Mae'n un o'r lleoliadau a ddefnyddir ar gyfer gemau prawf Lloegr. Yma hefyd mae amgueddfa chwaraeon hynaf y byd. Mae Wrn y Lludw yn cael ei gadw yn yr amgueddfa yma. Copi o'r wrn ydy'r tlws am ennill Cyfres y Lludw, sef cyfres o gemau prawf rhwng Lloegr ac Awstralia.

oddi wrth – *from*
pwnc/pynciau (g) – *subject/s*
gwybodaeth (b) – *information*
Llundain – *London*
maes/meysydd (g) – *field/s*
heddiw – *today*
safle/oedd (g) – *site/s*
gwahanol – *different*
sefydlydd/sefydlwyr (g) – *founder/s*
perchennog/perchnogion (g) – *owner/s*
gosod – *to set*
rheol/au (b) – *rule/s*
cartref/i (g) – *home/s*
lleoliad/au (g) – *setting/s*
defnyddio – *to use*

gêm brawf/gemau prawf (b) – *test match/es*
amgueddfa/amgueddfeydd (b) – *museum/s*
chwarae/on (g) – *sport/s*
hynaf – *oldest*
byd/oedd (g) – *world/s*
Wrn y Lludw – *Urn of the Ashes*
cadw – *to keep*
wrn (g) – *urn*
tlws/tlysau (g) – *trophy/trophies*
ennill – *to win*
cyfres/i (b) – *series*
sef – *namely*
rhwng – *between*
Lloegr – *England*
Awstralia – *Australia*

CAMP NOU

Stadiwm pêl-droed yn Barcelona yng Nghatalonia, Sbaen ydy Camp Nou. Barcelona ydy prifddinas Catalonia. Ystyr Camp Nou, sef yr enw Catalaneg, ydy cae newydd. A Camp Nou sy'n gywir, nid Nou Camp! Cafodd y stadiwm ei godi yn 1957. Mae'n dal 98,789 o bobl. Mae siop pethau cofiadwy, caeau ymarfer bach a chapel ar gyfer y chwaraewyr yn rhan o'r stadiwm. Yno hefyd mae'r amgueddfa fwyaf poblogaidd yng Nghatalonia. Mae Camp Nou wedi bod yn gartref i bethau eraill ar wahân i bêl-droed. Mae llawer o artistiaid enwog iawn, yn gantorion a grwpiau pop wedi perfformio yno dros y blynyddoedd.

pêl-droed (g) – *football*
Sbaen – *Spain*
prifddinas/oedd (b) – *capital city/cities*
ystyr/on (g/b) – *meaning/s*
sef – *namely*
cae/au (g) – *field/s*
cywir – *correct*
codi – *to raise, build*
dal – *to hold*
pobl/oedd (b) – *people/s*
pethau cofiadwy – *memorabilia*
ymarfer – *to train, practise*
capel/i (g) – *chapel/s*
ar gyfer – *for*

chwaraewr/chwaraewyr (g) – *player/s*
rhan/nau (b) – *part/s*
amgueddfa/amgueddfeydd (b) – *museum/s*
poblogaidd – *popular*
cartref/i (g) – *home/s*
peth/au (g) – *thing/s*
ar wahân (i) – *except (for)*
artist/iaid (g) – *artist/s*
enwog – *famous*
cantor/ion (g) – *singer/s*
grŵp/grwpiau (g) – *group/s*
perfformio – *to perform*
blwyddyn/blynyddoedd (b) – *year/s*

STADIWM Y MILENIWM

Mae Stadiwm y Mileniwm ar lan Afon Taf yng Nghaerdydd, sef prifddinas Cymru. Undeb Rygbi Cymru ydy perchennog y stadiwm. Cafodd ei adeiladu yn 1999 ar gyfer cystadleuaeth Cwpan Rygbi'r Byd. Roedd y gêm gyntaf yno ar 26 Mehefin 1999 pan chwaraeodd Cymru yn erbyn De Affrica. Y stadiwm yma ydy stadiwm cenedlaethol Cymru. Mae Tîm Pêl-droed Cymru yn ogystal â Thîm Rygbi Cymru'n chwarae yma. Mae hefyd yn gartref i weithgareddau eraill, fel cyngherddau cerddorol. Un peth da am y stadiwm ydy'r to symudol. O ganlyniad, mae'r stadiwm yn gallu cynnal gweithgareddau yn yr heulwen neu yn y glaw!

stadiwm/stadia (g) – *stadium/stadia*
mileniwm/milenia (g) – *millennium/millenia*
Afon Taf – *River Taff*
prifddinas/oedd (b) – *capital city/cities*
Undeb Rygbi Cymru – *Welsh Rugby Union*
perchennog/perchnogion (g) – *owner/s*
adeiladu – *to build*
ar gyfer – *for*
cystadleuaeth/cystadlaethau (b) –
    competition/s
Cwpan Rygbi'r Byd – *Rugby World Cup*
cyntaf – *first*
Mehefin – *June*
chwarae – *to play*
De Affrica – *South Africa*
cenedlaethol – *national*
tîm/timau (g) – *team/s*

pêl-droed (b) – *football*
yn ogystal â – *as well as*
cartref/i (g) – *home/s*
gweithgaredd/au (b) – *activity/activities*
arall/eraill – *other/s*
fel – *such as*
cyngerdd/cyngherddau (g/b) – *concert/s*
cerddorol – *musical*
peth/au (g) – *thing/s*
to/eau (g) – *roof/s*
symudol – *moveable*
o ganlyniad – *as a result*
gallu – *to be able to*
cynnal – *to hold*
heulwen (b) – *sunshine*
neu – *or*
glaw/ogydd (g) – *rain*

WEMBLEY

Stadiwm ym Mharc Wembley yn Llundain, Lloegr ydy Stadiwm Wembley. Cymdeithas Pêl-droed Lloegr ydy perchennog y stadiwm. Dyma gartref gemau Tîm Pêl-droed Lloegr a gemau terfynol prif gystadlaethau pêl-droed Lloegr. Agorodd ym mis Mawrth 2007. Roedd hen Stadiwm Wembley hefyd ar y safle yma, lle enillodd Lloegr Gwpan Pêl-droed y Byd yn 1966. Mae 90,000 o seddau yn y stadiwm newydd a 2,618 o doiledau! Mae to symudol gan y stadiwm hefyd. Y gêm swyddogol gyntaf oedd y gêm rhwng tîm dan 21 oed Lloegr a'r Eidal ar 24 Mawrth 2007. Yr Eidalwr Giampaolo Pazzini sgoriodd y gôl gyntaf yno.

stadiwm/stadia (g) – *stadium/stadia*
Llundain – *London*
Lloegr – *England*
Cymdeithas Pêl-droed Lloegr – *English Football Association*
perchennog/perchnogion (g) – *owner/s*
cartref/i (g) – *home/s*
gêm/au (b) – *game/s*
gêm derfynol/gemau terfynol (b) – *final/s*
prif – *main*
cystadleuaeth/cystadlaethau (b) – *competition/s*
pêl-droed (g) – *football*
agor – *to open*
mis/oedd (g) – *month/s*
Mawrth – *March*
hen – *old*

safle/oedd (g) – *site/s*
ennill – *to win*
byd/oedd (g) – *world/s*
sedd/au (b) – *seat/s*
toiled/au (g) – *toilet/s*
to/eau (g) – *roof/s*
symudol – *moveable*
hefyd – *also*
swyddogol – *official*
cyntaf – *first*
dan – *under*
Yr Eidal – *Italy*
Eidalwr/Eidalwyr (g) – *Italian/s*
sgorio – *to score*
gôl/goliau – *goal/s*
yno – *there*

ST ANDREWS

Dinas yn yr Alban ydy St Andrews. Mae prifysgol ac eglwys gadeiriol yno a chyrsiau golff enwog hefyd. Mae St Andrews yn cael ei disgrifio'n aml fel 'cartref golff'. Mae saith cwrs golff yno, yn cynnwys yr hen gwrs – y cwrs golff hynaf yn y byd i gyd. Mae canolfan ymarfer yno hefyd. Mae St Andrews yn lleoliad ar gyfer rhai o dwrnameintiau mawr y byd golff, yn cynnwys Twrnamaint Agored Prydain. Ymhlith y golffwyr enwog sydd wedi ennill twrnameintiau yn St Andrews mae Tiger Woods. Mae Twrnamaint Agored Prydain Ricoh ar gyfer merched hefyd wedi'i gynnal yn St Andrews.

dinas/oedd (b) – city/cities
Yr Alban – Scotland
prifysgol/ion (b) – university/universities
eglwys gadeiriol/eglwysi cadeiriol (b) –
    cathedral/s
yno – there
cwrs/cyrsiau golff (g) – golf course/s
enwog – famous
disgrifio – to describe
fel – as
cartref/i (g) – home/s
yn cynnwys – including
hen – old
hynaf – oldest
byd/oedd (g) – world/s

i gyd – all
canolfan/nau (g/b) – centre/s
ymarfer – to practise
lleoliad/au (g) – setting/s
ar gyfer – for
rhai – some
twrnamaint/twrnameinitau (g) –
    tournament/s
agored – open
ymhlith – amongst
golffiwr/golffwyr (g) – golfer/s
ennill – to win
Prydain – Britain
cynnal – to hold

WIMBLEDON

Wimbledon yn Llundain ydy cartref un o bedwar twrnamaint tennis Grand Slam y Byd. Mae'r twrnameintiau eraill yn yr Unol Daleithiau, Ffrainc ac Awstralia. Wimbledon ydy twrnamaint tennis hynaf y byd. Caiff ei gynnal bob blwyddyn am bythefnos yn yr haf. Wimbledon ydy'r unig dwrnamaint Grand Slam lle mae chwaraewyr yn chwarae ar borfa. Mae miloedd yn mynd yno ac yn mwynhau'r tennis – y mefus a'r hufen hefyd! Mae'r gemau'n cynnwys senglau a dyblau ar gyfer merched a dynion a dyblau cymysg. Mae cystadlaethau hefyd ar gyfer ieuenctid. Mae chwaraewyr o fwy na 60 o wledydd yn cystadlu bob blwyddyn.

Llundain – *London*
cartref/i (g) – *home/s*
twrnamaint/twrnameintiau (g) – *tournament/s*
byd/oedd (g) – *world/s*
arall/eraill – *other/s*
Yr Unol Daleithiau – *The United States*
Ffrainc – *France*
Awstralia – *Australia*
hynaf – *oldest*
cynnal – *to hold*
blwyddyn/blynyddoedd (b) – *year/s*
pythefnos/au (g/b) – *fortnight/s*
unig – *only*
chwaraewr/chwaraewyr (g) – *player/s*
porfa/porfëydd (b) – *grass*

mil/oedd (b) – *thousand/s*
mwynhau – *to enjoy*
mefus (ll) – *strawberries*
hufen (g) – *cream*
hefyd – *also*
yn cynnwys – *to include*
senglau – *singles*
dyblau – *doubles*
ar gyfer – *for*
cymysg – *mixed*
cystadleuaeth/cystadlaethau (b) – *competition/s*
ieuenctid (g) – *youth*
mwy – *more*
gwlad/gwledydd (b) – *country/countries*
cystadlu – *to compete*

MADISON SQUARE GARDEN

Arena ydy Madison Square Garden neu MSG yn Manhattan, Efrog Newydd yn yr Unol Daleithiau. Mae'n fyd enwog fel arena chwaraeon, a dyma'r pedwerydd arena. Cafodd ei chodi yn 1968. Roedd yr adeiladau eraill ar safleoedd gwahanol. Digwyddiadau enwog yn hanes yr arena oedd yr ornest focsio gyntaf rhwng Muhammad Ali a Joe Frazier yn 1971 a'r cyngerdd i helpu anffodusion Trychineb Canolfan Masnach y Byd yn 2001. Mae pob math o weithgareddau a chwaraeon diddorol yn Madison Square Garden, yn cynnwys pêl-fasged a hoci iâ. Roedd yn feca bocsio nes i hyrwyddwyr symud llawer o ornestau i Laz Vegas.

Efrog Newydd – *New York*
Yr Unol Daleithiau – *The United States*
byd enwog – *world famous*
fel – *as*
arena/arenâu (b) – *arena/s*
chwarae/on (g) – *sport/s*
pedwerydd – *fourth*
adeilad/au (g) – *building/s*
codi – *to build, to raise*
arall/eraill – *other/s*
safle/oedd (g) – *site/s*
gwahanol – *different*
digwyddiad/au (g) – *event/s*
enwog – *famous*
hanes/ion (g) – *history/histories*
gornest/au (b) – *contest/s*
bocsio – *to box*

cyngerdd/cyngherddau (g/b) – *concert/s*
helpu – *to help*
anffodusyn/anffodusion (g) – *poor unfortunate person/s*
trychineb/au (b) – *disaster/s*
Canolfan Masnach y Byd – *World Trade Centre*
pob – *every*
math/au (g) – *type/s*
gweithgaredd/au (b) – *activity/activities*
yn cynnwys – *including*
pêl-fasged (b) – *basket-ball*
hoci iâ – *ice hockey*
nes – *until*
hyrwyddwr/hyrwyddwyr (g) – *promoter/s*
symud – *to move*
llawer o – *a lot of*

PARC CROKE

Stadiwm chwaraeon yn ninas Dulyn yn Iwerddon ydy Parc Croke. Dyma'r stadiwm mwyaf yn Iwerddon. Mae'n dal 83,700 o bobl. Mae'n enwog yn hanes Iwerddon achos yn ystod y rhyfel annibyniaeth yn erbyn Prydain, cafodd 13 o wylwyr ac un chwaraewr eu lladd yno gan filwyr o Brydain yn ystod gêm bêl-droed Wyddelig rhwng Dulyn a Tiperary. Roedden nhw'n dial ar y Gwyddelod am ladd nifer o swyddogion Prydeinig. Enw'r chwaraewr a gafodd ei ladd oedd Michael Hogan. Mae eisteddle yno i gofio am Hogan. Parc Croke ydy pencadlys y GAA – Cymdeithas Athletau Gwyddelig a dyma gartref y Gemau Gwyddelig.

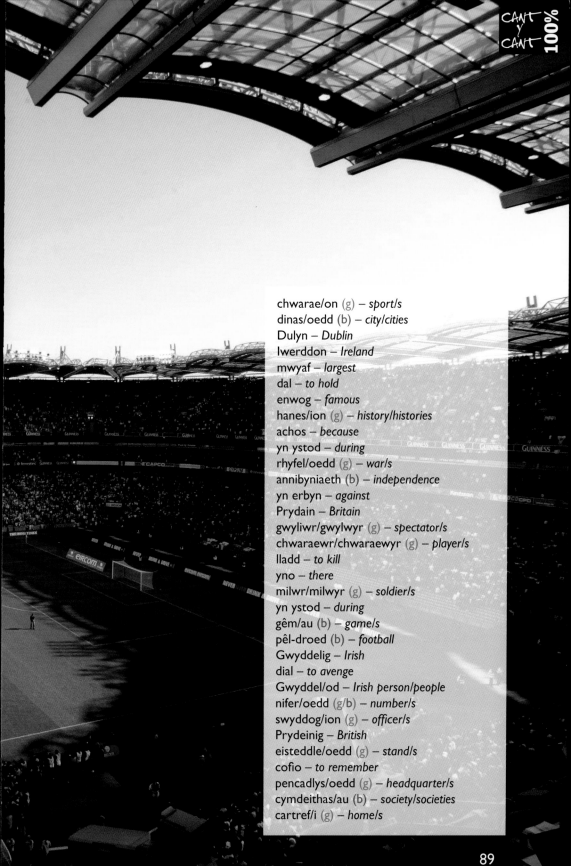

chwarae/on (g) – *sport/s*
dinas/oedd (b) – *city/cities*
Dulyn – *Dublin*
Iwerddon – *Ireland*
mwyaf – *largest*
dal – *to hold*
enwog – *famous*
hanes/ion (g) – *history/histories*
achos – *because*
yn ystod – *during*
rhyfel/oedd (g) – *war/s*
annibyniaeth (b) – *independence*
yn erbyn – *against*
Prydain – *Britain*
gwyliwr/gwylwyr (g) – *spectator/s*
chwaraewr/chwaraewyr (g) – *player/s*
lladd – *to kill*
yno – *there*
milwr/milwyr (g) – *soldier/s*
yn ystod – *during*
gêm/au (b) – *game/s*
pêl-droed (b) – *football*
Gwyddelig – *Irish*
dial – *to avenge*
Gwyddel/od – *Irish person/people*
nifer/oedd (g/b) – *number/s*
swyddog/ion (g) – *officer/s*
Prydeinig – *British*
eisteddle/oedd (g) – *stand/s*
cofio – *to remember*
pencadlys/oedd (g) – *headquarter/s*
cymdeithas/au (b) – *society/societies*
cartref/i (g) – *home/s*

AINTREE

Trac rasio ceffylau yn Lerpwl, Lloegr ydy Aintree. Mae Aintree yn gartref i ras fwyaf enwog y byd, sef y Grand National. Cafodd y ras gyntaf ei chynnal yn Aintree yn 1839. Mae'r Grand National yn ras anodd iawn. Mae'r ras yn bedair milltir a hanner o hyd neu 7.24 cilomedr ac mae'n rhaid i'r ceffylau neidio dros 30 o ffensys. Mae 16 o ffensys ar y trac. Felly, mae'n rhaid i'r ceffylau neidio dros bob ffens ddwywaith, ar wahân i'r Gadair a'r Naid Dŵr. Mae'r joci Carl Llewellyn sy'n dod o sir Benfro wedi ennill y ras yma ddwywaith.

trac/iau (g) – track/s
rasio – to race
ceffyl/au (g) – horse/s
Lerpwl – Liverpool
cartref/i (g) – home/s
ras/ys (b) – race/s
mwyaf – most
enwog – famous
byd/oedd (g) – world/s
sef – namely
cyntaf – first
cynnal – to hold
anodd – difficult
pedwar (pedair (b)) – four
milltir/oedd (b) – mile/s

hanner/hanerau (g) – half/halves
hyd/oedd (g) – length/s
cilomedr/au (g) – kilometre/s
neidio – to jump
dros – over
ffens/ys (b) – fence/s
felly – therefore
pob – every
dwywaith – twice
ar wahân i – except for
dau (dwy (b) – two
Y Gadair – The Chair
Naid Dŵr – Water Jump
sir Benfro – Pembrokeshire
ennill – to win

MENYWOD

TANNI GREY-THOMPSON

Eisteddfod Genedlaethol Y Bala, 2009. Mae'r Archdderwydd yn barod i dderbyn Tanni Grey-Thompson yn aelod o Orsedd y Beirdd. Gwrandewch! Mae'n dechrau siarad nawr:

'Cafodd Tanni ei geni yng Nghaerdydd yn 1969. Mae hi'n byw yn Stockton-on-Tees erbyn hyn. Ei henw barddol ydy Tanni Olwynog achos mae hi'n defnyddio cadair olwyn. Mae hi'n athletwr enwog iawn ac wedi ysbrydoli llawer o bobl. Mae hi wedi ennill llawer o fedalau yn y Gemau Paraolympaidd. Mae hi hefyd wedi ennill Marathon Llundain sawl gwaith. Mae hi wedi dysgu siarad Cymraeg yn Nant Gwrtheyrn. Llongyfarchiadau mawr i chi, Tanni, a chroeso i'r Orsedd.'

Eisteddfod Genedlaethol – *National Eisteddfod*
archdderwydd/on (g) – *archdruid/s*
yn barod – *ready*
derbyn – *to receive*
Gorsedd y Beirdd – *Bardic Circle*
gwrando (ar) – *to listen (to)*
geni – *to be born*
enw/au (g) barddol – *bardic name/s*
defnyddio – *to use*
cadair/cadeiriau(b) olwyn – *wheelchair/s*
athletwr/athletwyr (g) – *athlete/s*

enwog – *famous*
ysbrydoli – *to inspire*
pobl/oedd (b) – *people/s*
ennill – *to win*
medal/au (b) – *medal/s*
gêm/gemau (b) – *game/s*
paraolympaidd – *paraolympic*
sawl gwaith – *several times*
Llundain – *London*
llongyfarchiadau – *congratulations*
croeso – *welcome*

RUTH ELLIS

Cafodd Ruth Ellis (1926-1955) ei geni yn 74 West Parade, Y Rhyl, sir Ddinbych. Roedd ei thad yn gerddor a'i mam yn ffoadur rhyfel o Wlad Belg. Symudodd y teulu i dde Lloegr ac yna i Lundain. Roedd Ruth yn gweithio mewn clwb nos yn Llundain. Aelod o'r clwb oedd David Blakely. Roedd yn rasio ceir. Syrthiodd Ruth mewn cariad ag e. Ond aeth pethau o chwith. Un noson saethodd Ruth ei chariad y tu allan i dafarn Magdala yn Hampstead, gogledd Llundain. Cafodd ei chrogi am hyn. Hi oedd y wraig olaf i gael ei chrogi yng ngwledydd Prydain.

geni – *to be born*
sir Ddinbych – *Denbighshire*
cerddor/ion (g) – *musician/s*
ffoadur/iaid (g) – *fugitive/s, refugee/s*
rhyfel/oedd (g) – *war/s*
Gwlad Belg – *Belgium*
symud – *to move*
teulu/oedd (g) – *family/families*
de (g) – *south*
Lloegr – *England*
yna – *then*
Llundain – *London*
gweithio – *to work*
clwb/clybiau (g) nos – *night club/s*
aelod/au (g) – *member/s*
rasio – *to race*
car/ceir (g) – *car/s*

syrthio mewn cariad (â/ag) – *to fall in love (with)*
mynd o chwith – *to go wrong*
peth/au (g) – *thing/s*
noson/nosweithiau (b) – *evening/s*
saethu – *to shoot*
cariad/on (g/b) – *lover/s*
y tu allan (i) – *outside*
tafarn/au (g/b) – *pub/s*
gogledd (g) – *north*
crogi – *to hang*
am – *for*
hyn – *this*
gwraig/gwragedd (b) – *woman/women*
olaf – *last*
gwlad/gwledydd (b) – *country/countries*
Prydain – *Britain*

MARIE CURIE

Gwyddonydd oedd Marie Curie (1867-1934). Cafodd ei geni yn Warsaw, Gwlad Pwyl. Priododd â Pierre Curie yn 1895, ond cafodd ei ladd pan aeth ceffyl a chert drosto yn 1906. Dilynodd Marie ei gŵr yn athro ym Mhrifysgol Sorbonne ym Mharis. Hi oedd y ferch gyntaf i fod yn ddarlithydd ac yn athro yno. Marie oedd y ferch gyntaf i ennill Gwobr Nobel mewn Ffiseg ac yna mewn Cemeg. Mae Marie'n enwog am ddarganfod radiwm. Yn eironig, buodd hi farw achos roedd hi wedi bod yn rhy agored i radiwm. Mewn meddygaeth, daeth radiotherapi yn ddull pwysig o drin cancr.

gwyddonydd/gwyddonwyr (g) – scientist/s
geni – to be born
Gwlad Pwyl – Poland
priodi (â) – to marry
mynd – to go
ceffyl/au (g) – horse/s
cert/ceirt (g) – cart/s
dros – over
lladd – to kill
dilyn – to follow
athro/athrawon (g) – professor/s
prifysgol/ion (b) – university/universities
gŵr/gwŷr (g) – husband/s
cyntaf – first
bod – to be
darlithydd/darlithwyr (g) – lecturer/s
yna – then

ennill – to win
gwobr/gwobrwyon (b) – prize/s
Ffiseg – Physics
Cemeg – Chemistry
enwog – famous
darganfod – to discover
radiwm (g) – radium
yn eironig – ironically
marw – to die
rhy – too
agored – open/exposed to
meddygaeth (b) – medicine
dod – to become
dull/iau (g) – method/s
pwysig – important
trin – to treat
cancr (g) – cancer

MARION DONOVAN

Cafodd Marion Donovan (1917-1998) ei geni yn Fort Wayne, Indiana. Roedd hi'n *entrepreneur* enwog iawn. Hi oedd y person cyntaf i ddarganfod cewynnau papur. Newidiodd y diwydiant gofal babanod yn llwyr ar ôl hyn. Roedd hi wedi blino golchi cewynnau cotwm a dillad gwely ei phlentyn byth a hefyd. Dechreuodd arbrofi. Yn 1946, dyluniodd gewyn oedd yn dal dŵr gan ddefnyddio llenni'r gawod. Wedyn, dyluniodd gewyn o ddefnydd parasiwt neilon, gyda dolennau clec metel a phlastig yn lle pinnau cau peryglus. Ar ôl arbrofi mwy, dyluniodd gewyn o bapur sugno cryf. Mae llawer o rieni'n ddiolchgar iawn i Marion Donovan!

geni – *to be born*
enwog – *famous*
person/au (g) – *person/s*
cyntaf – *first*
darganfod – *to discover*
cewyn/nau (g) papur – *disposable nappy/ nappies*
newid – *to change*
diwydiant/diwydiannau (g) – *industry/ industries*
gofal babanod (g) – *baby-care*
yn llwyr – *completely*
ar ôl – *after*
hyn – *this*
blino – *to become tired*
golchi – *to wash*
cotwm (g) – *cotton*
dillad gwely – *bedclothes*
byth a hefyd – *all the time*
dechrau – *to start*
arbrofi – *to experiment*
dylunio – *to design*
dal – *to hold*
dŵr/dyfroedd (g) – *water/s*
defnyddio – *to use*
llen/ni (b) – *curtain/s*
cawod/ydd (b) – *shower/s*
wedyn – *then*
defnydd/iau (g) – *material/s*
parasiwt/iau (g) – *parachute/s*
neilon – *nylon*
dolen glec/dolennau clec (b) – *snap fastener/s*

metel – *metal*
plastig – *plastic*
yn lle – *Instead of*
pininau cau (g) – *safety pin/s*
peryglus – *dangerous*
yna – *then*
papur/au (g) sugno – *absorbent paper/s*
cryf – *strong*
rhiant/rhieni (g) – *parent/s*
diolchgar – *grateful*

CLARA McBRIDE HALE

Cafodd Clara McBride Hale (1905-1992) ei geni yn Elizabeth City, Gogledd Carolina a'i magu yn Philadelphia, Pennsylvania. Roedd hi'n blentyn amddifad pan oedd yn un deg chwech oed. Priododd â Thomas Hale a symud i Ddinas Efrog Newydd. Buodd Thomas farw'n ifanc a gadael Clara gyda dau blentyn i'w magu. Dechreuodd ofalu am blant eraill a dod yn rhiant maeth. Roedd yn gofalu am blant i famau oedd yn dibynnu ar gyffuriau. Sefydlodd gartref o'r enw Hale House ar gyfer y gwaith. Roedd hi hefyd yn gofalu am blant gydag AIDS oedd wedi colli'u rhieni. Daeth yn arwres yn America.

geni – *to be born*
gogledd (g) – *north*
magu – *to bring up*
plentyn/plant (g) – *child/ren*
amddifad/amddifaid (g) – *orphan/s*
pan – *when*
un deg chwech oed – *sixteen years old*
priodi (â) – *to marry*
symud – *to move*
Dinas Efrog Newydd – *New York City*
marw – *to die*
ifanc – *young*
gadael – *to leave*
dechrau – *to begin*
gofalu am – *to take care of*
arall/eraill – *other*

dod – *to become*
rhiant/rhieni (g) maeth – *foster parent/s*
mam/au (b) – *mother/s*
dibynnu ar – *to depend on*
cyffur/iau (g) – *drug/s*
sefydlu – *to establish*
cartref/i (g) – *home/s*
o'r enw – *called*
ar gyfer – *for*
hyn – *this*
hefyd – *also*
edrych ar ôl – *to look after*
colli – *to lose*
rhiant/rhieni (g) – *parent/s*
arwres/au (b) – *heroine/s*

LAURA ASHLEY

Cafodd Laura Mountney (1925-1985) ei geni yn Nowlais, Merthyr Tudful. Cwrddodd hi â Bernard Ashley yn Llundain, a phriodon nhw yn 1949. Roedd hi'n enwog am ddylunio dillad a deunyddiau tŷ. Dechreuodd wneud sgarffiau yn 1953 a'u gwerthu i siopau mawr Llundain. Roedd hi'n defnyddio ffabrigau gwladaidd a rhamantaidd a phatrymau blodeuog o'r dechrau. Dychwelodd i Gymru o Loegr ac agor ffatrïoedd yng ngogledd a Chanolbarth Cymru. Agorodd y siop Laura Ashley gyntaf yn Stryd Pelham, De Kensington yn 1968. Roedd pencadlys y busnes yng Ngharno, yn ymyl y Drenewydd. Yn 1981, agorodd y siop Laura Ashley gyntaf yng Nghaerdydd.

geni – *to be born*	rhamantaidd – *romantic*
cwrdd â – *to meet*	patrwm/patrymau (g) – *pattern/s*
Llundain – *London*	blodeuog – *flowery*
priodi – *to marry*	o'r dechrau – *from the beginning*
enwog – *famous*	dychwelyd – *to return*
dylunio – *to design*	Lloegr – *England*
dillad – *clothes*	agor – *to open*
deunydd/iau (g) – *material/s*	ffatri/ffatrïoedd (b) – *factory/factories*
tŷ/tai (g) – *house/s*	gogledd (g) – *north*
dechrau – *to start*	Canolbarth Cymru – *Mid Wales*
gwneud – *to make*	siop/au (b) – *shop/s*
sgarff/iau (g) – *scarf/s*	cyntaf – *first*
gwerthu – *to sell*	de (g) – *south*
siop/au (b) – *shop/s*	pencadlys (g) – *headquarters*
defnyddio – *to use*	busnes/au (g) – *business/es*
ffabrig/au (g) – *fabric/s*	yn ymyl – *near*
gwladaidd – *rustic*	Y Drenewydd – *Newtown*

99

ROSA PARKS

Ymgyrchydd hawliau sifil oedd Rosa Louise McCauley Parks (1913-2005). Cafodd ei geni yn Tuskegee, Alabama. Symudodd i Pine Level, yn ymyl Montgomery, Alabama i fyw. Priododd â Raymond Parks, barbwr o Montgomery. Roedd rhaid i bobl ddu ildio eu seddi i bobl wyn ar fysiau Montgomery y pryd hwnnw. Ar 1 Rhagfyr 1955, gwrthododd Parks ildio'i sedd. Aeth yr heddlu â hi i'r carchar. A dyma ddechrau Boicot Bysiau Montgomery. Cafodd yr ymgyrch ei harwain gan Martin Luther King a chafodd y Mudiad Hawliau Sifil ei eni. Yn y diwedd daeth gwahaniaethu ar sail lliw ar y bysiau i ben.

Llun: ⓒ Ellen Shub © www.ellenshub.com

ymgyrchydd/ymgyrchwyr (g) – *campaigner/s*
hawliau sifil – *civil rights*
geni – *to be born*
symud – *to move*
yn ymyl – *near*
priodi (â) – *to marry*
barbwr/barbwyr (g) – *barber/s*
pobl/oedd (b) – *people/s*
du – *black*
bws/bysiau (g) – *bus/es*
ildio – *to yield*
sedd/i (b) – *seat/s*
gwyn – *white*
y pryd hwnnw – *at that time*
gwrthod – *to refuse*
mynd â – *to take*

heddlu/oedd (g) – *police*
carchar/dai (g) – *prison/s*
dechrau – *to start*
boicot/iau (g) – *boycott/s*
ymgyrch/oedd (g/b) – *campaign/s*
arwain – *to lead*
mudiad/au (g) hawliau sifil – *civil rights movement/s*
pwysig – *important*
hanes/ion (g) – *history/histories*
mudiad/au (g) – *movement/s*
helpu – *to help*
yn y diwedd – *in the end*
gwahaniaethu – *to discriminate*
ar sail – *on the basis of*
lliw/iau (g) – *colour/s*
dod i ben – *to come to an end*

MAUD WATSON

Cafodd Maud Watson (1864-1946) ei geni yn Harrow, Llundain. Chwaraewr tennis oedd hi. Dechreuodd chwarae tennis cystadleuol yn 1881. Yn 1884, enillodd deitl Senglau'r Merched cyntaf erioed yn Wimbledon. Roedd 13 yn cystadlu, a churodd ei chwaer hŷn Lillian Watson 6-8, 6-3, 6-3 i ennill y teitl. Y gêm yma oedd y gyntaf rhwng chwiorydd yn hanes Wimbledon. Enillodd Maud y teitl hefyd yn 1885 yn erbyn Blanche Bingley. Ond collodd yn erbyn Bingley yn 1886. Roedd ffasiwn dillad tennis yn wahanol y pryd hwnnw! Roedd Maud yn rhedeg o gwmpas y cwrt mewn gwisg wen hyd at ei fferau!

geni – *to be born*
chwaraewr/chwaraewyr (g) – *player/s*
tennis (g) – *tennis*
dechrau – *to begin*
chwarae – *to play*
cystadleuol – *competitive*
ennill – *to win*
teitl/au (g) – *title/s*
senglau merched – *women's singles*
cyntaf – *first*
erioed – *ever*
cystadlu – *to compete*
curo – *to beat*
chwaer/chwiorydd (b) – *sister/s*
hŷn – *elder*
rhwng – *between*

hanes/ion (g) – *history/histories*
hefyd – *also*
yn erbyn – *against*
colli – *to lose*
ffasiwn/ffasiynau (g) – *fashion/s*
dillad tennis – *tennis clothes*
gwahanol – *different*
y pryd hwnnw – *at that time*
rhedeg – *to run*
o gwmpas – *around*
cwrt/cyrtiau (g) – *court/s*
gwisg/oedd (b) – *dress/es*
gwyn (gwen) – *white*
hyd at – *up to*
ffêr/fferau (b) – *ankle/s*

NICOLE DENISE COOKE

Nicole Cooke (g. 1983) oedd y person cyntaf i ennill medal aur dros Brydain yn y Gemau Olympaidd yn Beijing yn Tsieina yn 2008. Cafodd ei geni yn Abertawe. Aeth i Ysgol Uwchradd Bryn-teg ym Mhen-y-bont ar Ogwr. Mae'n byw nawr ym mhentref y Wig, ger y Bont-faen ym Mro Morgannwg. Rasiwr beiciau ydy Nicole. Enillodd y fedal aur yn y ras ffordd dros 120 cilomedr. Nicole ydy'r Pencampwr Olympaidd cyntaf o Gymru er 1972. Hi ydy'r Gymraes gyntaf i ennill medal aur mewn cystadleuaeth Olympaidd unigol. Enillodd hefyd y ddau ganfed medal aur yng nghyfnod y gemau Olympaidd modern.

person/au (g) – person/s
cyntaf – first
ennill – to win
medal/au (g) – medal/s
aur – gold
dros – on behalf of
Prydain – Britain
Y Gemau Olympaidd – The Olympic Games
geni – to be born
Abertawe – Swansea
ysgol/ion (b) uwchradd – secondary school/s
Pen-y-bont ar Ogwr – Bridgend
byw – to live
nawr – now
pentref/i (g) – village/s
Y Wig – Wick
Y Bont-faen – Cowbridge
Bro Morgannwg – Vale of Glamorgan
rasiwr/raswyr (g) beiciau – racing cyclist/s
ras/ys (b) ffordd – road race/s
dros – over
cilomedr/au (g) – kilometre/s
pencampwr/pencampwyr (g) – champion/s
Olympaidd – Olympic
er – since
Cymraes/Cymry (b) – Welsh woman/
    women
cystadleuaeth/cystadlaethau (b) –
    competition/s
unigol – individual
hefyd – also
dau ganfed – two hundredth
cyfnod/au (g) – period/s

GRACE DARLING

Roedd Grace Darling (1815-1842) yn ferch i geidwad Goleudy Longstone ar Ynysoedd Farne ar arfordir Northumberland. Ar 7 Medi 1838 aeth y llong *SS Forfarshire* ar greigiau Big Harcar mewn storm ofnadwy. Gwelodd Grace y llong o un o ffenestri'r goleudy. Roedd y tywydd yn rhy arw i wthio'r bad achub i'r dŵr. Felly, aeth Grace a'i thad mewn cwch rhwyfo i achub y rhai oedd wedi goroesi a dod â nhw i'r goleudy. Arhoson nhw yn y goleudy nes i'r storm ostegu. Buodd Grace farw yn ifanc iawn o'r diciâu. Yn Bamburgh mae senotaff ac amgueddfa er cof amdani.

ceidwad/ceidwaid (g) – keeper/s
goleudy/goleudai (g) – lighthouse/s
ynys/oedd (b) – island/s
arfordir/oedd (g) – coast/s
mynd – to go
llong/au (b) – ship/s
craig/creigiau (b) – rock/s
storm/ydd (b) – storm/s
ofnadwy – terrible
gweld – to see
ffenestr/i (b) – window/s
tywydd (g) – weather
rhy – too
garw – inclement, rough (weather)
gwthio – to push
bad/au (g) achub – lifeboat/s

dŵr/dyfroedd (g) – water/s
felly – therefore
tad/au (g) – father/s
cwch/cychod (g) rhwyfo – rowing boat/s
achub – to save
goroeswr/goroeswyr (g) – survivor/s
dod â – to bring
aros – to stay
nes – until
gostegu – to calm, subdue
marw – to die
ifanc – young
y diciâu (g) – tuberculosis
senotaff/au (g) – cenotaph/s
amgueddfa/amgueddfeydd (b) – museum/s
er cof am – in memory of

CARTWNAU

MICKEY MOUSE

" Fi ydy Mickey. Llygoden ydw i. Ces i fy nghreu gan Walt Disney yn 1928, pan oedd e'n teithio un diwrnod ar y trên rhwng Efrog Newydd a Los Angeles! Daeth fy nghartwnau'n boblogaidd yn 1932. Cafodd Disney wobr Oscar am fy nghreu. Dw i'n enwog drwy'r byd erbyn hyn ac yn symbol o hapusrwydd a chwerthin i lawer o blant a phobl. Dw i'n croesawu ymwelwyr i Disneyland yn Ne Califfornia, Disneyland ym Mharis a Tokyo a Disney World yn Orlando, Florida. Dw i'n hoffi cwrdd â phawb a bydda i bob amser yn ysgwyd llaw yn gwrtais iawn. "

llygoden/llygod (b) – mouse/mice
creu – to create
teithio – to travel
trên/au (g) – train/s
rhwng – between
Efrog Newydd – New York
cartŵn/au (g) – cartoon/s
poblogaidd – popular
gwobr/au (b) – award/s
enwog – famous
drwy – through
byd/oedd (g) – world/s
erbyn hyn – by now

hapusrwydd (g) – happiness
chwerthin (g) – laughter
llawer – many
plentyn/plant (g) – child/ren
pobl/oedd (b) – people/s
croesawu – to welcome
ymwelydd/ymwelwyr (g) – visitor/s
De Califfornia – South California
cwrdd (â/ag) – to meet (someone)
pawb – everybody
ysgwyd llaw (â/ag) – to shake hands (with)
cwrtais – courteous

BUGS BUNNY

Cwningen neu ysgyfarnog ydy Bugs Bunny. Cafodd ei eni yn 1940 yn Brooklyn, Efrog Newydd. Mae'n ymddangos yng nghyfres ffilmiau cartwnau byw *Looney Tunes* a *Merrie Melodies*. Cwmni Cartwnau Warner Brothers sy'n cynhyrchu'r ffilmiau. Erbyn hyn, Bugs Bunny ydy masgot y cwmni, yn arbennig ar gyfer ffilmiau cartwnau byw. Yn 1997, fe oedd y cymeriad cartŵn cyntaf i ymddangos ar stamp post yn yr Unol Daleithiau. Mae e hefyd wedi ymddangos mewn gemau fideo. Mae e'n hoffi cnoi moron. Llysenw sy'n golygu 'gwirion' neu 'hanner call' ydy 'Bugs' neu 'Bugsy'. Mae Bugsy'n hoffi dweud '... *what's up, Doc?*'.

cwningen/cwningod (b) – *rabbit/s*
ysgyfarnog/od (b) – *hare/s*
geni – *to be born*
Efrog Newydd – *New York*
ymddangos – *to appear*
cyfres/i (b) – *series*
ffilm/iau (b) – *film/s*
cartŵn/cartwnau (g) – *cartoon/s*
byw – *live*
cwmni/cwmnïau (g) – *company/companies*
cynhyrchu – *to produce*
erbyn hyn – *by now*
masgot/iaid (g) – *mascot/s*

yn arbennig – *especially*
cymeriad/au (g) – *character/s*
cyntaf – *first*
stamp/iau post (g) – *postage stamp/s*
Yr Unol Daleithiau – *The United States*
nifer/oedd (g/b) – *number/s*
gêm/gemau (b) – *game/s*
cnoi – *to chew*
moronen/moron (b) – *carrot/s*
llysenw/au (g) – *nickname/s*
golygu – *to mean*
gwirion – *foolish*
hanner call – *stupid*

SUPERTED

Arth ydy SuperTed – cymeriad hoffus iawn mewn cyfresi o storïau. Mae pob stori ar y dechrau'n dangos sut daeth SuperTed i fod. Mae pwerau hudol ganddo fe. Bob tro mae e neu bobl eraill mewn trwbl, mae SuperTed yn sibrwd gair hud cyfrinachol ac yn newid i wisg goch gyda rocedi bach ar ei esgidiau. Mike Young grëodd SuperTed. Cwmni Animeiddio Siriol yng Nghaerdydd oedd cynhyrchwyr SuperTed. Cafodd y rhaglen gyntaf ei dangos ar S4C ar 1 Tachwedd 1982, sef noson lansio'r sianel. Yn 1984, SuperTed oedd y gyfres gartŵn Brydeinig gyntaf ar *The Disney Channel* yn yr Unol Daleithiau.

arth/eirth (b) – *bear/s*
cymeriad/au (g) – *character/s*
hoffus – *likeable*
cyfres/i (b) – *series*
pob – *every*
stori/storïau (b) – *story/stories*
dechrau (g) – *beginning*
dangos – *to show*
dod i fod – *to come into being*
pŵer/pwerau (g) – *power/s*
hudol – *magical*
bob tro – *every time*
arall/eraill – *other/s*
trwbl (g) – *trouble*
sibrwd – *to whisper*
gair/geiriau (g) – *word/s*
hud (g) – *magic*
cyfrinachol – *secret*
newid – *to change*
gwisg/oedd (b) – *dress/es*
roced/i (b) – *rocket/s*
esgid/iau (b) – *shoe/s*
creu – *to create*
cwmni/cwmnïau (g) – *company/companies*
animeiddio – *to animate*
Caerdydd – *Cardiff*
cynhyrchydd/cynhyrchwyr (g) – *producer/s*
cyntaf – *first*
Tachwedd – *November*
lansio – *to launch*
sianel/i (b) – *channel/s*
cartŵn/cartwnau (g) – *cartoon/s*
Prydeinig – *British*
Yr Unol Daleithiau – *The United States*

109

POPEYE

Proffil o Popeye, y morwr. Cafodd ei greu gan y cartwnydd Elzie Crisler Segar o Chester, Illinois – talaith yn Yr Unol Daleithiau. Ymddangosodd am y tro cyntaf yn 1929.

Golwg : Byr ac od gydag un llygad. Penelinoedd cyhyrog gydag un neu ddau tatŵ angor, gwallt coch a phib india-corn. Cryf iawn.

Siarad : Ynganu'n aneglur achos bod pib yn ei geg bob amser, efallai.

Bwyta : Sbigoglys.

Cariad : Olive Oyl – ar ôl *olive oil* sy'n cael ei ddefnyddio i goginio neu mewn salad.

Enwog : Wedi ymddangos mewn llyfrau comics, cartwnau teledu, gemau arcêd a fideo a ffilmiau.

proffil/iau (g) – *profile/s*
morwr/morwyr (g) – *sailor/s*
creu – *create*
cartwnydd/cartwnwyr (g) – *cartoonist/s*
talaith/taleithiau (b) – *state/s*
Yr Unol Daleithiau – *The United States*
ymddangos – *to appear*
y tro cyntaf – *the first time*
golwg/golygon (g/b) – *appearance/s*
byr – *short*
od – *strange*
llygad/llygaid (g/b) – *eye/s*
penelin/oedd (g/b) – *elbow/s*
cyhyrog – *muscular*
tatŵ/au (g) – *tattoo/s*
angor/au (g/b) – *anchor/s*
gwallt/iau (g) – *hair*
pib/au (b) – *pipe/s*
india-corn (g) – *corn*
cryf – *strong*
siarad – *to speak*
ynganu – *to pronounce*
aneglur – *unclear*
ceg/au (b) – *mouth/s*
bob amser – *always*
efallai – *perhaps*
bwyta – *to eat*
sbigoglys (g) – *spinach*

cariad/on (g) – *girlfriend/s*
ar ôl – *after*
defnyddio – *to use*
coginio – *to cook*
enwog – *famous*
ymddangos – *to appear*
llyfr/au (g) comics – *comic book/s*
teledu (g) – *television*
gêm/au (b) – *game/s*
arcêd/arcedau (b) – *arcade/s*
ffilm/iau (b) – *film/s*

SUPERMAN

Cafodd Superman ei greu gan Jerry Siegel o'r Unol Daleithiau a Joe Shuster o Ganada yn 1932. Ymddangosodd yn gyntaf yn *Action Comics* yn 1938. Daeth i'r Ddaear o blaned Krypton pan oedd yn faban. Ei enw Kryptonaidd oedd Kal-El. Ei enw daearol oedd Clark Kent. Gohebydd newyddion oedd e yn Yr Unol Daleithiau. Ei wraig oedd Lois Lane. Mae golwg pelydr-x, llygaid glas a gwallt du ganddo. Mae'n gwisgo clogyn. Mae'n hedfan ac yn anorchfygol. Mae wedi ymddangos mewn cyfresi radio, rhaglenni teledu, ffilmiau, stripiau papur newydd a gemau fideo. Cafodd y ffilm *Superman Returns* ei rhyddhau yn 2006.

creu – *to create*
Yr Unol Daleithiau – *The United States*
ymddangos – *to appear*
cyntaf – *first*
dod – *to come*
daear/oedd (b) – *earth/s*
baban/od (g) – *baby/babies*
planed/au (b) – *planet/s*
enw/au (g) – *name/s*
daearol – *earthly*
gohebydd/gohebwyr (g) – *reporter/s*
newydd/ion (g) – *news*
gwraig/gwragedd (b) – *wife/wives*
golwg/golygon (g/b) – *sight/s*
pelydr/au -x (g) – *x-ray/s*

llygad/llygaid (g/b) – *eye/s*
gwallt/iau (g) – *hair*
gwisgo – *to wear*
clogyn/nau (g) – *cloak/s*
hedfan – *to fly*
anorchfygol – *invincible*
ymddangos – *to appear*
cyfres/i (b) – *series*
rhaglen/ni (b) – *programme/s*
ffilm/iau (b) – *film/s*
strip/iau (g) – *strip/s*
papur/au (g) newydd – *newspaper/s*
gêm/gemau (b) – *game/s*
rhyddhau – *to release*

SPIDER-MAN

Enw cywir Spider-Man ydy Peter Parker. Roedd e'n byw gyda'i fodryb a'i ewythr, May a Ben Parker. Ond cafodd ei frathu gan bry cop. Trosglwyddodd y pry cop bwerau arbennig iddo, fel cryfder mawr a'r gallu i lynu at waliau a synhwyro perygl. Mae gwallt brown a llygaid brown golau ganddo fe. Mae'n gweithio o ddinas Efrog Newydd, ac yn defnyddio'i bwerau i ddal dihirod. Ymddangosodd am y tro cyntaf yn *Amazing Fantasy* yn 1962. Mae'n dyfeisio ac yn defnyddio arfau fel saethwr gwe. Mae'r gweoedd yn helpu Spider-Man i siglo o adeilad i adeilad er mwyn dal dynion drwg.

enw/au (g) – *name/s*
cywir – *correct*
byw – *to live*
modryb/edd (b) – *aunt/s*
ewythr/edd (g) – *uncle/s*
brathu – *to bite*
pry cop/pryfed cop (g) – *spider/s*
trosglwyddo – *to transfer*
pŵer/pwerau (g) – *power/s*
arbennig – *special*
cryfder/au (g) – *strength/s*
gallu/oedd (g) – *ability/abilities*
glynu (at) – *to stick (to)*
wal/iau (b) – *wall/s*
synhwyro – *to sense*
perygl/on (g) – *danger/s*
gwallt/iau (g) – *hair*
llygad/llygaid (g/b) – *eye/s*
golau – *light*
gweithio – *to work*
Dinas Efrog Newydd – *New York City*
defnyddio – *to use*
dal – *to catch*
dihiryn/dihirod (g) – *rascal/s*
ymddangos – *to appear*
y tro cyntaf – *the first time*
defnyddio – *to use*
erfyn/arfau (g) – *weapon/s*
saethwr/saethwyr (g) gwe – *webshooter/s*
gwe/oedd (g) – *web/s*
siglo – *to swing*
adeilad/au (g) – *building/s*
er mwyn – *in order to*
dal – *to catch*
drwg – *bad*

WONDER WOMAN

Enw iawn Wonder Woman ydy Diana. Cafodd ei chreu gan William Moulton Marston. Mae'n gweithio o ddinas Efrog Newydd a Themyscira. Ei mam oedd Hippolyta, brenhines yr Amasoniaid. Cenedl o ryfelwyr benywaidd mewn mytholeg Roegaidd oedd yr Amasoniaid. Pan mae Diana'n gadael yr Amasoniaid i deithio i'r byd y tu allan, mae'n cael ei hadnabod fel Tywysoges Diana a Wonder Woman. Ymddangosodd am y tro cyntaf yn *All Star Comics* yn 1941. Mae'n sengl, yn hardd, deallus, cryf iawn, ac yn llawn stamina. Mae ganddi lasŵ hud sy'n gorfodi pobl i ddweud y gwir, ac awyren anweladwy a breichledau gwrth-fwledi.

enw/au (g) – *name/s*
iawn – *proper, correct*
creu – *to create*
gweithio – *to work*
Dinas Efrog Newydd – *New York City*
brenhines/breninesau (b) – *queen/s*
cenedl/cenhedloedd (b) – *nation/s*
rhyfelwr/rhyfelwyr (g) – *warrior/s*
benywaidd – *feminine*
mytholeg (b) – *mythology*
Groegaidd – *Greek*
pan – *when*
gadael – *to leave*
teithio – *to travel*
byd/oedd (g) – *world/s*
y tu allan – *outside*
adnabod – *to know*

fel – *as*
tywysoges/au (b) – *princess/es*
ymddangos – *to appear*
y tro cyntaf – *the first time*
sengl – *single*
hardd – *beautiful*
deallus – *intelligent*
lasŵ/s (g/b) – *lasso/s*
hud – *magic*
gorfodi – *to compel*
pobl/oedd (b) – *people/s*
gwir (g) – *truth*
awyren/nau (b) – *plane/s*
anweladwy – *invisible*
breichled/au (b) – *bracelet/s*
gwrth-fwledi – *bullet-proof*

BATMAN

Enw iawn Batman ydy Bruce Wayne. Diwydiannwr a dyngarwr ydy e. Mae e'n gweithio o Ddinas Gotham. Mae e'n sengl, ac mae llygaid glas a gwallt du ganddo. Collodd ei rieni mewn lladrad yn Crime Alley pan oedd yn blentyn. Daeth yn Batman er mwyn dychryn troseddwyr, yn enwedig yn Ninas Gotham. Ymddangosodd am y tro cyntaf yn *Detective Comics* yn 1939. Mae'n ddeallus iawn ac mae sgiliau ymladd rhagorol ganddo hefyd. Mae ganddo lawer o declynnau trawiadol, fel y Batmobile. Ei ffrind gorau yn y rhyfel yn erbyn trosedd ydy Robin. Mae e hefyd yn cael help gan Batgirl.

enw/au (g) – *name/s*
diwydiannwr/diwydianwyr (g) – *industrialist/s*
dyngarwr/wyr (g) – *philanthropist/s*
gweithio – *to work*
Dinas Gotham – *Gotham City*
sengl – *single*
llygad/llygaid (g/b) – *eye/s*
gwallt/iau (g) – *hair*
plentyn/plant (g) – *child/ren*
colli – *to lose*
rhiant/rhieni (g) – *parent/s*
lladrad/au (g) – *theft/s*
er mwyn – *in order to*
dychryn – *to frighten*
troseddwr/wyr (g) – *criminal/s*

yn enwedig – *especially*
ymddangos – *to appear*
y tro cyntaf – *the first time*
deallus – *intelligent*
sgil/iau (b) – *skill/s*
ymladd – *to fight*
rhagorol – *excellent*
llawer – *a lot, many*
teclyn/nau (g) – *instrument/s*
trawiadol – *striking*
ffrind/iau (g) – *friend/s*
gorau – *best*
rhyfel/oedd (g) – *war/s*
yn erbyn – *against*
trosedd/au (g) – *crime/s*
cael – *to have*

DONALD DUCK

Hwyaden ydy Donald Duck gyda phig, coesau a thraed melyn-oren. Ei enw canol ydy Fauntleroy. Mae e'n gwisgo crys morwr, cap glas a dici-bô coch fel arfer, ond dim trowsus (ac eithrio pan mae'n nofio). Mae tymer wyllt ganddo weithiau. Mae'n byw yn Duckburg. Ei gariad ydy Daisy Duck. Dick Lundy grëodd Daisy. Ymddangosodd am y tro cyntaf yn *The Wise Little Hen* yn 1934. Daisy ydy masgot swyddogol Prifysgol Oregon. Dyma gymeriad cartŵn mwyaf poblogaidd Walt Disney ar ôl Mickey Mouse. Fel Mickey, mae'n ymddangos mewn ffilmiau a rhaglenni teledu ac mae'n seren boblogaidd iawn drwy'r byd i gyd.

hwyaden/hwyaid (b) – duck/s
pig/au (g/b) – beak/s
coes/au (g/b) – leg/s
troed/traed (g/b) – foot/feet
enw/au (g) – name/s
canol (g) – middle
fel arfer – usually
gwisgo – to dress
crys/au (g) – shirt/s
morwr/morwyr (g) – sailor/s
dici-bô/s (g) – bow tie/s
trowsus/trowsusau (g) – trouser/s
ac eithrio – except
pan – when
nofio – to swim
tymer/tymherau (b) – temper/s
gwyllt – wild, mad
weithiau – sometimes

byw – to live
cariad/on (g/b) – girlfriend/s
creu – to create
ymddangos – to appear
y tro cyntaf – the first time
masgot/iaid (g) – mascot/s
swyddogol – official
prifysgol/ion (b) – university/universities
cymeriad/au (g) – character/s
mwyaf – most
poblogaidd – popular
ar ôl – after
ffilm/iau (b) – film/s
rhaglen/ni (b) – programme/s
seren/sêr (b) – star/s
drwy – through
byd/oedd (g) – world/s
i gyd – all

TOM A JERRY

Cymeriadau cartŵn ydy Tom a Jerry. Cawson nhw eu creu gan William Hanna a Joseph Barbera ar gyfer cwmni ffilmiau Metro-Goldwyn-Mayer. Cath lwydlas ydy Tom a llygoden fach frown ydy Jerry. Mae Tom yn cael bywyd braf ac mae'n hoffi poenydio Jerry. Ond mae'r ddau'n gallu achosi trwbl! Mae ci tarw o'r enw Spike yn helpu i amddiffyn Jerry rhag Tom. Mae cath grwydr o'r enw Butch hefyd eisiau dal a bwyta Jerry ond mae Tom yn amddiffyn Jerry rhag y gath. Dydy Tom ddim yn dal Jerry'n aml. Mae Jerry mor gyfrwys a chlyfar ac mae Tom mor dwp!

cymeriad/au (b) – *character/s*
cartŵn/cartwnau (g) – *cartoon/s*
creu – *to create*
ar gyfer – *for*
cwmni/cwmnïau (g) – *company/companies*
ffilm/iau (b) – *film/s*
cath/od (b) – *cat/s*
llwydlas – *dove grey*
llygoden/llygod (b) – *mouse/mice*
bywyd/au (g) – *life/lives*
poenydio – *to torment*
gallu – *to be able to*
achosi – *to cause*

ci/cŵn (g) tarw – *bulldog/s*
helpu – *to help*
amddiffyn – *to defend*
rhag – *from*
crwydr – *stray*
o'r enw – *called*
dal – *to catch*
bwyta – *to eat*
yn aml – *often*
cyfrwys – *sly, cunning*
clyfar – *clever*
twp – *stupid*

STEIL

DILLAD JI-BINC

Beth am aros yma yn Aberaeron?

Pam?

Wel, hoffwn i fynd i Siop Ji-binc!

Siop Ji-binc! Wel, dyna enw rhyfedd.

Na. Enw ar aderyn bach pert ydy e. Rydyn ni'n dweud *'gwisgo fel ji-binc'* yn Gymraeg.

Ble mae'r siop?

Draw fan yna. Wyt ti'n gweld y ffenestri mawr a'r lliw pinc? Mae pob math o steiliau diddorol i ferched yno.

Ond does dim drwy'r dydd gyda ni, cofia. Mae'n well i ni aros yn Aberystwyth neu Fachynlleth am goffi dw i'n meddwl.

Wel, iawn, ond cofia – mae Siop Ji-binc yn y ddau le yna hefyd!

O na! Does dim ennill.

j-binc/od (b) – *chaffinch/es*	lliw/iau (g) – *colour/s*
aros – *to stop*	steil/iau (g) – *style/s*
rhyfedd – *strange*	diddorol – *interesting*
aderyn/adar (g) – *bird/s*	meddwl – *to think*
pert – *pretty*	cofio – *to remember*
gwisgo – *to dress*	gallu – *to be able to*
ffenestr/i (b) – *window/s*	ennill – *to win*

ESGIDIAU YMARFER

Ar un adeg, roedd esgidiau ymarfer (trênyrs) yn cael eu gwisgo ar gyfer chwaraeon yn unig. Doedd neb yn eu gwisgo i gerdded ar y stryd. Erbyn hyn, mae llawer o bobl, yn enwedig dynion, yn gwisgo esgidiau ymarfer fel esgidiau hamdden. Maen nhw'n gyfforddus iawn. Mae rhai brandiau'n boblogaidd iawn fel Adidas, Nike, Puma a Reebok. Mae rhai ohonyn nhw'n ddrud, yn enwedig os ydyn nhw'n cynnwys label cynllunydd. Ond dydych chi ddim bob amser yn cael gwell esgidiau ymarfer wrth dalu mwy. Yn ôl rhai profion, dydy esgidiau ymarfer drud ddim yn well i'r traed na rhai rhad.

ar un adeg – *at one time*
esgid/iau (b) ymarfer – *trainer/s*
gwisgo – *to wear*
ar gyfer – *for*
chwaraeon – *games*
yn unig – *only*
fel – *like*
neb – *no one*
cerdded – *to walk*
stryd/oedd (b) – *street/s*
erbyn hyn – *by now*
llawer (o) – *a lot (of)*
pobl/oedd (b) – *people*
yn enwedig – *especially*
dyn/ion (g) – *man/men*
hamdden (b) – *leisure*
cyfforddus – *comfortable*
brand/iau (g) – *brand/s*
poblogaidd – *popular*
rhai – *some*
rhedeg – *to run*
drud – *expensive*
label/i (g/b) – *label/s*
cynllunydd/cynllunwyr (g) – *designer/s*
pob – *every*
amser/oedd (g) – *time/s*
gwell – *better*
talu – *to pay*
mwy – *more*
yn ôl – *according to*
prawf/profion (g) – *test/s*
yn well…na – *better … than*
troed/traed (g/b) – *foot/feet*
rhad – *cheap*

GEMWAITH RHIANNON

Hoffwn i brynu anrheg arbennig i fy nghariad.

Fel beth?

Gemwaith o ryw fath, dw i'n credu.

Beth am emwaith Rhiannon? Mae'n gynnyrch Cymreig ac yn adnabyddus drwy'r byd.

Ble mae'r siop?

Yn Nhregaron yng Ngheredigion. Mae Rhiannon wedi bod yn gwneud ei gemwaith yno er 1971.

Oes dewis da yno?

Digon. Mae hi'n gwneud breichledau, modrwyau, clustdlysau, crogdlysau a gemwaith arall o bob math. Mae pob un o gynlluniau Rhiannon yn waith gwreiddiol o'i llaw ei hun.

Mae'n swnio'n dda.

Ydy. Mae hi hefyd yn gwneud darnau o aur Cymru.

Wir! Pethau i'w trysori! Rhaid i mi fynd yno.

gemwaith (g) – *jewellery*
prynu – *to buy*
anrheg/ion (b) – *gift/s*
arbennig – *special*
o ryw fath – *of some kind*
credu – *to believe*
cynnyrch/cynhyrchion (g) – *product/s*
Cymreig – *Welsh*
adnabyddus – *well-known*
byd/oedd (g) – *world/s*
er – *since*
dewis (g) – *choice*

breichled/au (b) – *bracelet/s*
modrwy/au (b) – *ring/s*
crogdlws/crogdlysau (g) – *pendant/s*
o bob math – *of every kind*
cynllun/iau (g) – *design/s*
gwreiddiol – *original*
llaw/dwylo (b) – *hand/s*
swnio – *to sound*
darn/au (g) – *piece/s*
aur (g) – *gold*
trysori – *to treasure*

COSMETIGION

Mae'r arfer o ddefnyddio cosmetigion yn hen iawn. Heddiw, merched sy'n defnyddio cosmetigion gan mwyaf, fel powdrau, persawrau, golchdrwythau, minlliwiau, colur wyneb, llygad ac ewinedd, a hufen gofal croen. Mae merched yn y Gorllewin yn defnyddio llawer ohonyn nhw. Mae dynion wedi bod yn defnyddio persawr eillio, gel-gwallt a disawryddion ers amser. Ond dydy'r rhan fwyaf o ddynion ddim wedi dechrau defnyddio colur. Dydyn nhw ddim yn poeni gormod am eu croen chwaith. Bach ydy marchnad gofal croen dynion ond mae'n cynyddu. Mae mwy a mwy o bethau ar y farchnad i helpu dynion ofalu am eu croen erbyn hyn.

cosmetig/ion (g) – cosmetic/s
arfer (g/b) – practice/s
defnyddio – to use
gan mwyaf – mostly
powdr/au (g) – powder/s
persawr/au (g) – perfume/s
golchdrwyth/au (g) – lotion/s
minlliw/iau (g) – lipstick/s
colur/on (g) – make-up
wyneb/au (g) – face/s
llygad/llygaid (g/b) – eye/s
ewin/edd (g) – nail/s
hufen (g) – cream
gofal (g) – care
croen/crwyn (g) – skin/s
gorllewin (g) – west

eillio – to shave
gel/iau (g) – gel/s
gwallt (ll) – hair
disawrydd/ion (g) – deodorant/s
ers amser – for a while
rhan fwyaf – most
dechrau – to start
poeni – to worry
marchnad/oedd (b) – market/s
gofal/on (g) – care/s
cynyddu – to increase
peth/au (g) – thing/s
gofalu (am) – to take care (of)
cadw – to keep
erbyn hyn – by now

CRYS T

CrysT ydy crys gyda gwddf crwn a llewys byr heb fotymau, coler a phoced. Ar y dechrau, roedd Crys T yn cael ei wisgo fel crys isaf neu fest. Mae'n grys ynddo'i hunan nawr. Daeth yn boblogaidd iawn yn chwedegau'r ganrif ddiwethaf. Mae merched a dynion o bob oedran yn gwisgo CrysT – a babanod! Mae pob math o sloganau, lluniau a ffotograffau ar Grysau T heddiw. Mae llawer o bobl yn dylunio'u crysau T eu hunain ar lein hefyd. Weithiau, maen nhw'n cael eu defnyddio i hysbysebu. Mae rhai cwmnïau yng Nghymru'n cynhyrchu Crysau T Cymraeg. Maen nhw'n boblogaidd iawn.

crys/au T (g) – *T-shirt/s*
gwddf/gyddfau (g) – *neck/s*
crwn – *round*
llawes/llewys (g) – *sleeve/s*
byr – *short*
heb – *without*
botwm/botymau (g) – *button/s*
coler/i (b) – *collar/s*
poced/i (b) – *pocket/s*
gwisgo – *to wear*
crys/au (g) isaf – *vest/s*
fest/iau (b) – *vest/s*
ynddo'i hunan – *in its own right*
poblogaidd – *popular*
iawn – *very*
chwedegau – *sixties*
canrif/oedd (b) – *century/centuries*
pob – *every*
oedran/nau (g) – *age/s*
yn cynnwys – *including*
baban/od (g) – *baby/babies*
math/au (g) – *type/s*
slogan/au (g) – *slogan/s*
llun/iau (g) – *picture/s*
ffotograff/au (g) – *photograph/s*
llawer – *many*
pobl/oedd (b) – *people/s*
dylunio – *to design*
eu hunain – *their own*
ar lein – *on line*
weithiau – *sometimes*

defnyddio – *to use*
hysbysebu – *to advertise*
rhai – *some*
cwmni/cwmnïau – *company/companies*
Cymru – *Wales*
cynhyrchu – *produce*
Cymraeg – *Welsh*

SGERT MINI

Daeth y sgert mini'n ffasiynol iawn yn y chwedegau yn y ganrif ddiwethaf. Cafodd ei chreu gan Mary Quant. Yn 1955, agorodd bwtîg cyntaf y byd yn Llundain. Roedd hi'n gwerthu dillad gwahanol a rhyfedd. Dillad o waith llaw oedden nhw. Roedd hi'n defnyddio lliwiau llachar, llawer o blastig ac yn cadw llinell yr hem yn fwy byr nag arfer. Yr enw ar y dillad oedd 'mod', sef modern. Dechreuodd merched wisgo gwisgoedd mwy byr nag erioed. Dilynodd Mary Quant esiampl y merched yma a gwneud sgertiau byr dros ben. Galwodd nhw'n sgertiau mini. Roedden nhw'n boblogaidd iawn gan bawb.

sgert/iau (b) – *skirt/s*
ffasiynol – *fashionable*
chwedegau – *sixties*
canrif/oedd (b) – *century/centuries*
diwethaf – *last*
creu – *to create*
agor – *to open*
bwtîg/bwtigau (g) – *boutique/s*
cyntaf – *first*
byd/oedd (g) – *world/s*
Llundain – *London*
gwerthu – *to sell*
dillad (ll) – *clothes*
gwahanol – *different*
rhyfedd – *strange*
gwaith llaw (g) – *handiwork*
defnyddio – *to use*
lliw/iau (g) – *colour/s*
llachar – *bright, brilliant*
llawer (o) – *a lot (of)*

plastig (g) – *plastic*
cadw – *to keep*
llinell/au (b) – *line/s*
hem/iau (g/b) – *hem/s*
byr – *short*
nag arfer – *than usual*
dechrau – *to begin*
gwisgo – *to wear*
gwisg/oedd (b) – *dress/es*
nag erioed – *than ever*
dilyn – *to follow*
esiampl/au (b) – *example/s*
gwneud – *to do, make*
dros ben – *extremely*
galw – *to call*
ymledu – *to spread*
tân gwyllt – *fireworks*
poblogaidd – *popular*
pawb – *everyone*

JÎNS

Trowsusau denim ydy jîns. Cafodd jîns eu creu yn 1873 gan Jacob W Davis, o Latfia'n wreiddiol a Levi Strauss o America. Overôls oedd yr enw cyntaf arnyn nhw. Roedden nhw'n cael eu defnyddio'n bennaf ar gyfer gwaith. Daethon nhw'n fwy a mwy poblogaidd ymhlith pobl ifanc ar ddechrau pumdegau'r ganrif ddiwethaf. Ond tua dechrau'r chwedegau daeth yr enw jîns yn boblogaidd. Brandiau enwog ydy Levi's a Wrangler. Mae jîns yn boblogaidd iawn drwy'r byd i gyd heddiw fel dillad anffurfiol. Maen nhw ar gael mewn sawl steil ac mewn gwahanol liwiau. Fel arfer, maen nhw'n cael eu gwisgo'n dynn.

jîns (g) – *jeans*
trowsus/au (b) – *trouser/s*
denim (g) – *denim*
creu – *to create*
Latfia – *Latvia*
yn wreiddiol – *originally*
America – *America*
oferôls (g/b) – *overalls*
enw/au (g) – *name/s*
cyntaf – *first*
defnyddio – *to use*
pennaf – *mainly*
ar gyfer – *for*
gwaith/gweithiau (g) – *work/s*
dod – *to become*
mwy a mwy – *more and more*
poblogaidd – *popular*
ymhlith – *amongst*
glaslanc/iau (g) – *teenager/s*
dechrau – *to begin*
pumdegau – *fifties*
canrif/oedd (b) – *century/centuries*
diwethaf – *last*
tua(g) – *about*
brand/iau (g) – *brand/s*
enwog – *famous*
drwy – *throughout*
byd/oedd – *world/s*
i gyd – *all*
heddiw – *today*
dillad (ll) – *clothes*
anffurfiol – *informal*
ar gael – *available*

sawl – *many*
steil/iau (g/b) – *style/s*
lliw/iau (g) – *colour/s*
gwahanol – *different*
fel arfer – *usually*
gwisgo – *to wear*
tynn – *tight*

TYLLU'R CORFF

Mae tyllu'r corff, fel clustiau, trwyn, bogail, tafod wedi dod yn boblogaidd iawn yng nghymdeithas y gorllewin. Roedd y diwylliant pync yng nghanol saithdegau'r ganrif ddiwethaf wedi gwneud tyllu'r corff yn boblogaidd ym Mhrydain. Mae'r arfer yn gyffredin ymhlith glaslanciau ac oedolion ifanc. Tyllu'r glust ydy'r dull mwyaf cyffredin o dyllu'r corff. Mae'n rhaid cael tyllwr cymeradwy i wneud y gwaith. Mae'n bwysig hefyd fod clustdlysau wedi eu gwneud o ddeunyddiau addas fel aur, arian, platinwm neu ddur o safon lawfeddygol. Mae stydiau clustiau a chlustdlysau cylch yn boblogaidd iawn ond erbyn heddiw mae rhywbeth ar gael at ddant pawb.

 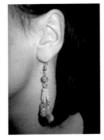 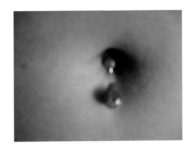

tyllu – *to pierce*
corff/cyrff (g) – *body/bodies*
clust/iau (g/b) – *ear/s*
poblogaidd – *popular*
cymdeithas/au (b) – *society/societies*
gorllewin (g) – *west*
diwylliant/diwylliannau (g) – *culture/s*
pync (g) – *punk*
yng nghanol (y) – *in the middle (of)*
saithdegau – *seventies*
canrif/oedd (b) – *century/centuries*
gwneud – *to do*
llawer – *lot*
poblogeiddio – *to popularize*
arfer/ion (g/b) – *custom/s*
gwlad/gwledydd (b) – *country/countries*
Prydain (b) – *Britain*
cyffredin – *common*
ymhlith – *amongst*
glaslanc/iau (g) – *teenager/s*
oedolyn/oedolion (g) – *adult/s*

ifanc – *young*
mwyaf – *most*
tyllwr/tyllwyr (g) – *piercer/s*
cymeradwy – *approved*
gwneud – *to do/make*
gwaith/gweithiau (g) – *work/s*
pwysig – *important*
clustdlws/clustdlysau (g) – *earring/s*
deunydd/iau (g) – *material/s*
addas – *appropriate*
aur (g) – *gold*
platinwm (g) – *platinum*
dur (g) – *steel*
safon/au (b) – *standard*
llawfeddygol – *surgical*
gwahanol – *different*
math/au (g) – *type/s*
ar gael – *available*
styd/iau (b) – *stud/s*
cylch/oedd (g) – *ring/s*
at ddant pawb – *to everyone's taste*

TATŴAU

Mae cael tatŵ yn rhywbeth poblogaidd a ffasiynol y dyddiau hyn – tatŵ ar fraich, cefn, migwrn neu ysgwydd. Mae addurno'r corff gyda lluniau neu batrymau yn hen arfer, yn mynd yn ôl i'r bedwaredd neu'r bumed mileniwm CC. Yn ôl y gyfraith mae'n rhaid i chi fod yn ddeunaw oed neu'n hŷn i gael tatŵ. Rydych chi'n gallu cael gwared ar datŵau ond mae'n broses ddrud iawn. Mae'r broses hefyd yn gallu gadael craith barhaol. Mae tatŵau amrywiol ar gael – sêr, angylion, pili-palod a blodau. I'r bobl sy'n dod o Gymru, Iwerddon a'r Alban mae tatŵau Celtaidd yn boblogaidd iawn.

tatw/tatŵau (g) – *tattoo/s*
poblogaidd – *popular*
ffasiynol – *fashionable*
braich/breichiau (b/g) – *arm/s*
migwrn/migyrnau (g) – *ankle/s*
ysgwydd/au (b) – *shoulder/s*
addurno – *to adorn, decorate*
corff/cyrff (g) – *body/bodies*
llun/iau (g) – *picture/s*
patrwm/patrymau (g) – *pattern/s*
hen – *old*
arfer/ion (b/g) – *custom/s*
mynd yn ôl – *to go back*
pedwerydd (g)/pedwaredd (b) – *fourth*
pumed – *fifth*
mileniwm/milenia (g) – *millennium/millennia*
Cyn Crist (CC) – *Befire Christ (BC)*
yn ôl – *according to*
cyfraith/cyfreithiau (b) – *law/s*
deunaw oed – *eighteen years of age*
neu – *or*

hŷn – *older*
cael – *to have*
gallu – *to be able to*
cael gwared ar – *to get rid of*
drud – *expensive*
hefyd – *also*
gadael – *to leave*
craith/creithiau (b) – *scar/s*
parhaol – *permanent*
llawer – *many*
poblogaidd – *popular*
amrywiol – *various*
seren/sêr (b) – *star/s*
angel/angylion (b) – *angel/s*
pili-pala/palod (g) – *butterfly/butterflies*
blodyn/blodau (g) – *flower/s*
Cymru – *Wales*
Iwerddon – *Ireland*
Yr Alban – *Scotland*
Celtaidd – *Celtic*

GWALLT

Mae trin gwallt merched a dynion yn fusnes mawr iawn. Salonau neillryw ydy llawer iawn o salonau gwallt heddiw. Maen nhw'n cynnig pob math o wasanaeth – golchi, torri, lliwio a steilio gwallt. Maen nhw'n gallu rhoi cyngor i chi hefyd ynglŷn â pha gynnyrch sydd orau i chi. Mae cynhyrchion ar gael ar gyfer pob math o wallt ac mae pob math o steiliau a lliwiau ar gael hefyd. Fel arfer, sêr y byd adloniant sy'n arwain y ffordd mewn steil gwallt. Ond y peth pwysig ydy eich bod yn cael steil sy'n eich siwtio chi a'ch ffordd o fyw.

gwallt/iau (g) – *hair*
trin gwallt – *hairdressing*
busnes/au (g) – *business/es*
salon/au (b/g) neillryw – *unisex salon/s*
llawer – *many*
cynnig – *to offer*
pob math o – *every type of*
gwasanaeth/au (g) – *service/s*
golchi – *to wash*
torri – *to cut*
lliwio – *to colour*
steilio – *to style*
cyngor/cynghorion (g) – *advice/s*
ynglŷn â/ag – *concerning*
pa – *which*
cynnyrch/cynhyrchion (g) – *product/s*

gorau – *best*
ar gael – *available*
ar gyfer – *for*
steil/iau (g) – *style/s*
lliw/iau (g) – *colour/s*
fel arfer – *usually*
seren/sêr (b) – *star/s*
byd/oedd (g) – *world/s*
adloniant/adloniannau (g) – *entertainment/s*
arwain y ffordd – *to lead the way*
peth/au (g) – *thing/s*
pwysig – *important*
cael – *to have*
siwtio – *to suit*
ffordd (b) o fyw – *lifestyle*

ADEILADAU ENWOG

TAJ MAHAL

Mae'r Taj Mahal yn adeilad hardd ac enwog iawn. Dyma ddeg o ffeithiau amdano:

- Beddrod ydy e.
- Cafodd ei godi rhwng 1632 a 1648.
- Mae e yn ninas Agra yn yr India ar lan afon Yamuna.
- Yr Ymerawdr Shah Jehan gododd e.
- Un o arweinwyr Mughal yr India oedd e.
- Cododd y beddrod er cof am ei drydedd wraig, Mumtaz Mahal.
- Buodd hi farw yn 1631 ar enedigaeth ei phedwerydd plentyn ar ddeg.
- Cymerodd chwe mlynedd i orffen y beddrod.
- Cymerodd bum mlynedd arall i orffen y gerddi a'r adeiladau eraill o gwmpas.
- Ystyr Taj Mahal ydy 'Coron y Palasau'.

adeilad/au (g) – *building/s*	marw – *to die*
hardd – *beautiful*	genedigaeth (b) – *birth*
enwog – *famous*	pedwerydd ar ddeg – *fourteenth*
ffaith/ffeithiau (b) – *fact/s*	plentyn/plant (g) – *child/children*
beddrod/au (g) – *grave/s*	cymryd – *to take*
codi – *to raise, build*	chwe – *six*
rhwng – *between*	blwyddyn//blynyddoedd (blynedd) (b) –
dinas/oedd (b) – *city/cities*	*year/s*
(Yr) India – *India*	arall/eraill – *other/s*
glan/nau (b) – *bank/s, shore/s*	gorffen – *to complete*
afon/ydd (b) – *river/s*	gardd/gerddi (b) – *garden/s*
ymerawdwr/ymerawdwyr (g) – *emperor/s*	o gwmpas – *around*
arweinydd/arweinwyr (g) – *leader/s*	ystyr/on (g) – *meaning/s*
er cof (am) – *in memory (of)*	coron/au (b) – *crown/s*
trydedd (b) – *third*	palas/au (g) – *palace/s*
gwraig/gwragedd (b) – *wife/wives*	

ARGAE HOOVER

Cafodd Argae Hoover ei godi rhwng 1931 a 1936. Pwrpas argae ydy rhwystro llif dŵr. Mae'r dŵr sy'n cronni yn gallu cael ei ddefnyddio fel dŵr yfed neu i ddyfrhau. Mae'r pŵer yn llif y dŵr hefyd yn gallu creu trydan a phŵer hydro-electrig. Cafodd Argae Hoover ei godi ar draws yr afon Colorado yn ne-orllewin yr Unol Daleithiau. Yn 1900, roedd eisiau argae newydd yno i ddarparu trydan achos bod y boblogaeth yn dechrau tyfu'n gyflym. Cafodd yr argae ei enwi ar ôl Herbert Hoover, Arlywydd America. Roedd yn un o'r gweithiau peirianneg mwyaf mewn hanes ar y pryd.

argae/au (g) – damn/s
codi – to build, raise
rhwng – between
pwrpas/au (g) – purpose/s
rhwystro – to prevent
llif/au (g) – flow/s
dŵr/dyfroedd (g) – water/s
cronni – to collect, to amass
gallu – to be able to
defnyddio – to use
fel – as
yfed – to drink
neu – or
dyfrhau – to water, irrigate
pŵer/au (g) – power/s
hefyd – also
creu – to create
trydan (g) – electricity
ar draws – across
afon/ydd (b) – river/s

de (g) – south
gorllewin (g) – west
Yr Unol Daleithiau – The United States
eisiau – need
newydd – new
yno – there
darparu – to prepare/to provide
achos – because
poblogaeth/au (b) – population/s
dechrau – to begin, start
tyfu – to grow
cyflym – fast
enwi – to name
ar ôl – after
arlywydd/ion (g) – president/s
gwaith/gweithiau (g) – work/s
peirianneg (b) – engineering
mwyaf – largest
hanes/ion (g) – history/histories
ar y pryd – at the time

WAL FAWR TSIEINA

Ymerawdwr cyntaf Tsieina oedd Qin Shi Huangdi. Roedd yn teyrnasu o 246CC i 210CC. Llwyddodd i uno Tsieina. Cododd wal fawr ar hyd ffin y gogledd – o'r Môr Melyn yn y dwyrain i Asia Ganol yn y gorllewin. Enw'r wal ydy Wal Fawr Tsieina. Mae hi'n un o saith rhyfeddod y byd. Cafodd ei chodi i amddiffyn y wlad. Wal bridd oedd hi ar y dechrau, ond pan ddaeth cerrig yn lle pridd cafodd tyrrau gwylio eu codi hefyd. Ychydig o'r hen wal sydd ar ôl bellach. Mae llawer o bobl wrth eu bodd yn cerdded ar hyd y wal.

wal/iau (b) – *wall/s*
ymerawdwr/ymerawdwyr (g) – *emperor/s*
cyntaf – *first*
Tsieina – *China*
teyrnasu – *to reign*
Cyn Crist (CC) – *Before Christ (BC)*
llwyddo – *to succeed*
uno – *to unite*
codi – *to raise, build*
ar hyd – *along*
ffin/iau (b) – *border/s*
gogledd (g) – *north*
môr/moroedd (g) – *sea/s*
melyn – *yellow*
dwyrain (g) – *east*
Asia Ganol – *Mid Asia*
gorllewin (g) – *west*
enw/au (g) – *name/s*
rhyfeddod/au (g) – *wonder/s*
byd/oedd (g) – *world/s*
amddiffyn – *to defend*
gwlad/gwledydd (b) – *country/countries*
pridd (g) – *soil*
ar y dechrau – *at the beginning*
carreg/cerrig (b) – *stone/s*
dod – *to come*
yn lle – *instead of*
twr/tyrrau (g) gwylio – *watchtower/s*
ychydig – *little*
hen – *old*
ar ôl – *left*
llawer – *many*
pobl/oedd (b) – *people/s*
wrth eu bodd – *delighted*
cerdded – *to walk*
ar hyd – *along*

Y PARTHENON

Y Parthenon ydy'r deml fwyaf enwog yn y byd. Hi ydy'r deml fwyaf ar yr Acropolis, sef bryn caregog yng nghanol Athen. Prifddinas gwlad Groeg ydy Athen. Mae hi'n un o'r dinasoedd hynaf yn hanes y byd. Cafodd ei henw ar ôl Athena, nawdd-dduwies y ddinas. Enw ar un o deitlau Athena ydy'r Parthenon, sy'n golygu 'y wyryf'. Dechreuodd y Groegiaid adeiladu'r Parthenon yn 447CC. Cymerodd y gwaith bymtheng mlynedd. Dim ond rhan o'r Parthenon sydd yn weddill heddiw. Yn 1687, pan oedd y deml yn cael ei defnyddio fel stordy powdwr gwn, cafodd rhan ohoni ei difrodi mewn ffrwydrad.

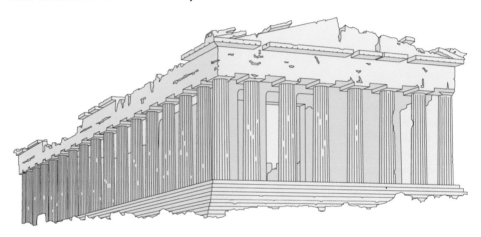

teml/au (b) – *temple/s*
mwyaf – *most*
enwog – *famous*
byd/oedd (g) – *world/s*
bryn/iau (g) – *hill/s*
caregog – *stony*
canol (g) – *middle*
prifddinas/oedd (b) – *capital city/cities*
Gwlad Groeg – *Greece*
Athen – *Athens*
dinas/oedd (b) – *city/cities*
hynaf – *oldest*
hanes/ion (g) – *history/histories*
enwi – *to name*
ar ôl – *after*
nawdd-dduwies/au (b) – *patron goddess/es*
enw/au (g) – *name/s*
teitl/au (g) – *title/s*
golygu – *to mean*
gwyryf/on (b) – *virgin/s*

dechrau – *to start*
Groegwr/Groegwyr (g) – *Greek/s*
adeiladu – *to build*
cymryd – *to take*
gwaith/gweithiau (g) – *work/s*
pymtheg – *fifteen*
blwyddyn//blynyddoedd (blynedd) (b) –
   year/s
Cyn Crist (CC) – *Before Christ (BC)*
dim ond – *only*
rhan/nau (b) – *part/s*
yn weddill – *remaining*
heddiw – *today*
pan – *when*
defnyddio – *to use*
stordy/stordai (g) – *store/s*
powdwr (g) gwn – *gunpowder*
difrodi – *to damage*
ffrwydrad/au (g) – *explosion/s*

Y COLISËWM

Amffitheatr fawr ydy'r Colisëwm. Cafodd yr amffitheatr ei chodi i gynnal adloniant cyhoeddus ar gyfer pobl Rhufain yn yr Eidal. Roedd pob math o adloniant yno, yn cynnwys gladiatoriaid yn ymladd. Dechreuodd yr Ymerawdwr Vespasian adeiladu'r Colisëwm rhwng 70 a 72 OC. Ar ôl iddo farw, gorffennodd yr Ymerawdwr Titus, ei fab, y gwaith. Roedd yn dal tua 50,000 o wylwyr. Ond mae'r Colisëwm yn adfail nawr o ganlyniad i ddaeargrynfeydd a lladron cerrig. Mae twristiaid yn hoffi mynd i'r Colisëwm o hyd.

Bob dydd Gwener y Groglith mae'r Pab yn arwain gorymdaith 'Ffordd y Groes' i'r amffitheatr wrth olau ffaglau.

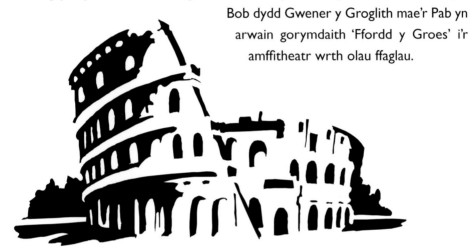

amffitheatr/au (b) – *amphitheatre/s*
colisëwm/colisea (g) – *coliseum*
codi – *to raise, build*
cynnal – *to hold*
adloniant/adloniannau (g) – *entertainment/s*
cyhoeddus – *public*
ar gyfer – *for*
pobl/oedd (b) – *people/s*
Rhufain – *Rome*
Yr Eidal – *Italy*
pob math (o) – *all kinds (of)*
yno – *there*
yn cynnwys – *including*
gladiator/iaid (g) – *gladiator/s*
ymladd – *to fight*
dechrau – *to begin*
ymerawdwr/ymerawdwyr (g) – *emperor/s*
adeiladu – *to build*
Oed Crist (OC) – *Anno Domini (AD)*
marw – *to die*
gorffen – *to finish*

mab/meibion (g) – *son/s*
gallu – *to be able to*
dal – *to hold*
tua (g) – *about*
gwyliwr/gwylwyr (g) – *spectator/s*
adfail/adfeilion (g) – *ruin/s*
o ganlyniad (i) – *as a result (of)*
daeargryn/feydd (g/b) – *earthquake/s*
lleidr/lladron (g) – *thief/thieves*
carreg/cerrig (b) – *stone/s*
twrist/iaid (g/b) – *tourist/s*
yno – *there*
o hyd – *still*
pob – *every*
Gwener y Groglith – *Good Friday*
Pab/au (g) – *Pope/s*
arwain – *to lead*
gorymdaith/gorymdeithiau (b) – *procession/s*
Ffordd y Groes – *Way of the Cross*
golau/goleuadau (g) – *light/s*
ffagl/au (b) – *torch/es*

ANGKOR WAT

Teml yn Angkor yn Cambodia ydy Angkor Wat. Mae'n symbol o'r wlad. Mae darlun o'r deml ar faner genedlaethol Cambodia. Cafodd ei hadeiladu gan y Brenin Suryavarman II ar ddechrau'r ddeuddegfed ganrif, fel teml a phrifddinas. Ystyr Angkor Wat ydy Teml Dinas. Teml Hindŵaidd oedd hi. Cafodd ei hadeiladu'n wreiddiol i anrhydeddu'r duw Hindŵaidd Vishnu. Ond yn ddiweddarach, daeth mynachod Bwdaidd i fyw yno. Maen nhw yno o hyd. Yn ystod y rhyfel cartref a gychwynodd yn 1970, daeth pobl Sieam Reap yno i lochesu. Yn ôl *The Guinness Book of World Records*, dyma'r deml grefyddol fwyaf yn y byd.

teml/au (b) – *temple/s*
symbol/au (g) – *symbol/s*
darlun/iau (g) – *picture/s*
baner/i (b) – *flag/s*
cenedlaethol – *national*
adeiladu – *to build*
prifddinas/oedd (b) – *capital city/cities*
brenin/brenhinoedd (g) – *king/s*
ar ddechrau – *at the beginning*
deuddegfed – *twelfth*
canrif/oedd (b) – *century/centuries*
ystyr/on (g/b) – *meaning*
dinas/oedd (b) – *city/cities*
yn wreiddiol – *originally*
Hindŵaidd – *Hindu*
anrhydeddu – *to honour*
duw/iau (g) – *god/s*

yn ddiweddarach – *later*
dod – *to come*
mynach/od (g) – *monk/s*
Bwdaidd – *Buddhist*
byw – *to live*
yno – *there*
o hyd – *still*
yn ystod – *during*
rhyfel/oedd (g) cartref – *civil war/s*
cychwyn – *to start/to break out*
pobl/oedd (b) – *people/s*
llochesu – *to shelter*
yn ôl – *according to*
crefyddol – *religious*
mwyaf – *largest*
byd/oedd (g) – *world/s*

PYRAMID GIZA

Pyramid Giza yw'r hynaf a'r mwyaf o'r tri phyramid yn Decropolis Giza, heb fod yn bell o Cairo, prifddinas yr Aifft. Dyma'r unig un o Saith Rhyfeddod yr Hen Fyd sydd ar ôl. Cafodd y pyramid ei adeiladu fel beddrod i Khufu, Pharo yr Aifft. Cymerodd tua 20 mlynedd i adeiladu'r pyramid. Cafodd ei orffen tua 255CC. Cafodd corff Khufu ei mymieiddio a'i osod mewn arch garreg yn y siambr gladdu yno. Roedd yr Eifftwyr yn credu mewn bywyd ar ôl marw. Cafodd nifer o wrthrychau personol eu gosod yn y siambr ar gyfer bywyd Khufu ar ôl iddo farw.

pyramid/iau (g) – *pyramid/s*
hynaf – *oldest*
mwyaf – *largest*
heb – *without*
pell – *far*
prifddinas/oedd (b) – *capital city/cities*
(Yr) Aifft – *Egypt*
unig – *only*
rhyfeddod/au (g) – *wonder/s*
hen – *old*
byd/oedd (g) – *world/s*
ar ôl – *left*
adeiladu – *to build*
fel – *as*
beddrod/au (g) – *grave/s*
cymryd – *to take*
tua(g) – *about*
blwyddyn//blynyddoedd (blynedd) (b) – *year/s*
gorffen – *to finish*

Cyn Crist (CC) – *Before Christ (BC)*
corff/cyrff (g) – *body/bodies*
mymieiddio – *to mummify*
gosod – *to set*
arch/eirch (b) – *coffin/s*
carreg/cerrig (b) – *stone/s*
siambr (b) gladdu/siambrau claddu – *burial chamber/s*
yno – *there*
Eifftiwr/Eifftwyr (g) – *Egyptian/s*
credu – *to believe*
bywyd/au (g) – *life/lives*
ar ôl – *after*
marw – *to die*
nifer/oedd (g/b) – *number/s*
gwrthrych/au/ (g) – *object/s*
personol – *personal*
gosod – *to place*
ar gyfer – *for*

CÔR Y CEWRI

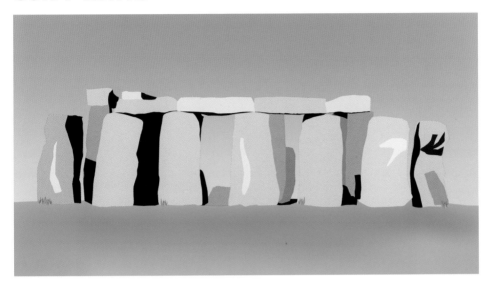

Mae Côr y Cewri ar ddarn o dir gwastad i'r gogledd o ddinas Caersallog yn Wiltshire yn ne Lloegr. Cylch o gerrig ydy e. Cafodd ei godi yn Oes Newydd y Cerrig. Mae'r rhan fwyaf o'r cerrig yn dod o'r Malborough Downs. Ond mae cerrig gleision y cylch canol yn dod o fynyddoedd y Preseli yn sir Benfro. Maen nhw'n cael eu galw'n gerrig gleision achos eu lliw. Does neb yn gwybod yn iawn sut cafodd y cerrig eu llusgo dros 200 o filltiroedd o'r Preseli i Wiltshire. Côr y Cewri ydy'r cylch o gerrig mwyaf enwog yn y byd.

Côr y Cewri – *Stonehenge*
darn/au (g) – *piece/s*
tir/oedd (g) – *land/s*
gwastad – *flat, even*
gogledd (g) – *north*
dinas/oedd (b) – *city/cities*
Caersallog – *Salisbury*
de (g) – *south*
Lloegr – *England*
carreg/cerrig (b) – *stone/s*
cylch/oedd (g) – *circle/s*
codi – *to raise, build*
Oes Newydd y Cerrig – *New Stone Age*
rhan fwyaf – *most*
dod – *to come*

glas/gleision – *blue*
canol – *middle*
mynydd/oedd (g) – *mountain/s*
sir Benfro – *Pembrokeshire*
galw – *to call*
lliw/iau (g) – *colour/s*
neb (g) – *nobody*
gwybod – *to know*
yn iawn – *rightly*
llusgo – *to drag*
milltir/oedd (b) – *mile/s*
mwyaf – *most*
enwog – *famous*
byd/oedd (g) – *world/s*

EGLWYS GADEIRIOL CHARTRES

Eglwys hardd iawn yng nghanol Chartres, prifddinas hanesyddol département Eure-et-Loir yng ngogledd Ffrainc ydy Eglwys Gadeiriol Chartres. Cafodd ei hadeiladu yn y ddeuddegfed ganrif. Cyn hyn, roedd yr hen eglwysi cadeiriol yn edrych yn drwm a thywyll, ond yn y ddeuddegfed ganrif, daeth adeiladwyr newydd a chodi eglwysi mwy tal a golau. Yr enw ar yr arddull newydd oedd arddull Gothig. Un o'r enghreifftiau gorau o'r arddull yma ydy Eglwys Gadeiriol Chartres. Mae'r eglwys yn llawn o 'olau newydd'. Mae ffenestri gwydr hardd iawn yn yr eglwys, yn arbennig y tair ffenestr rhosyn enwog. Mae cerfluniau canoloesol gwych yno hefyd.

eglwys gadeiriol/eglwysi cadeiriol (b) – cathedral/s
yng nghanol – in the middle of
prifddinas/oedd (b) – capital city/cities
hanesyddol – historical
gogledd (g) – north
Ffrainc – France
eglwys/i (b) – church/es
adeiladu – to build
deuddegfed – twelfth
canrif/oedd (b) – century/centuries
cyn hyn – previously
trwm – heavy
tywyll – dark
adeiladwr/adeiladwyr (g) – builder/s
newydd – new
codi – to raise, build
tal – tall

golau – light
enw/au (g) – name/s
arddull/iau (g/b) – style/s
Gothic – Gothig
enghraifft/enghreifftiau (b) – example/s
gorau – best
llawn (o) – full (of)
golau/goleuadau (g) – light/s
ffenestr/i (b) – window/s
gwydr/au (g) – glass/es
hardd – beautiful
yn arbennig – especially
rhosyn/nau (g) – rose/s
enfawr – massive
cerflun/iau (g) – sculpture/s
canoloesol – mediaeval
gwych – splendid
yno – there

143

MACHU PICCHU

Mae Machu Picchu ym Mynyddoedd yr Andes ym Mheriw yn Ne America. Dinas yr Incas oedd hi. Doedd hi ddim yn bell o brifddinas Cuzco. Cafodd dinas Machu Picchu ei hadeiladu tua 1450. Roedd yr Incas yn adeiladwyr medrus. Aeth y ddinas yn angof am ganrifoedd. Ond daeth Hiram Bingham 111, darlithydd ym Mhrifysgol Iâl, o hyd i'r adfeilion yn 1911. Daeth â'r safle i sylw'r byd. Erbyn hyn mae llawer o dwristiaid yn mynd yno. Roedd Bingham wedi mynd â llawer o arteffactau o'r safle. Mae cytundeb yn awr rhwng Prifysgol Iâl a Llywodraeth Peru i ddychwelyd yr arteffactau.

mynydd/oedd (g) – mountain/s
yr Andes – Andes
Periw – Peru
De America – South America
dinas/oedd (b) – city/cities
pell – far
prifddinas/oedd (b) – capital city/cities
adeiladu – to build
tua(g) – about
adeiladwr/adeiladwyr (g) – builder/s
medrus – skilful
mynd yn angof – to be forgotten
canrif/oedd (b) – century/centuries
darlithydd/darlithwyr (g) – lecturer/s
Prifysgol Iâl – Yale University
dod o hyd i – to find (something)

adfail/adfeilion (g/b) – ruin/s
dod â – to bring
safle/oedd (g) – site/s
sylw (g) – attention
byd/bydoedd (g) – world/s
erbyn hyn – by now
llawer – many
twrist/iaid (g) – tourist/s
mynd – to go
yno – there
mynd â – to take
arteffact/au (g) – artefact/s
cytundeb/au (g) – agreement/s
llywodraeth/au (b) – government/s
dychwelyd – to return